1+X 职业技能等级证书培训教材

中文速录

（中级）

主　编　唐　骥

副主编　殷　宏　刘树桥　王晓宇

科学出版社

北　京

内 容 简 介

本书为1+X职业技能等级证书培训教材，按照国家1+X证书制度试点《中文速录职业技能等级标准》编写，主要用于开展中文速录1+X证书的中级认证相关培训工作。

编者通过对中级认证资格标准中涉及的辅助速录、音文信息转换和文字整理共3个工作领域的9个工作任务进行深入分析和归纳，并考虑培训过程的可操作性和学习效果，编写了速录与辅助速录训练、音文信息转换训练、文字整理训练3个模块，包括中文速录拓展提高训练、中文速录强化提高训练、辅助速录训练、音频信息速录采集训练、视频信息速录采集训练、字幕速录训练、文稿校对训练、语义提炼、会议纪要撰写9个任务。通过学习本书，学生可以掌握中文速录的相关理论知识和基本技能，同时可以完成一般速录工作。

本书既可作为职业院校文秘类、司法服务类专业及计算机类相关专业的教材，也可作为速录师的参考用书。

图书在版编目（CIP）数据

中文速录：中级 / 唐骥主编 . —北京：科学出版社，2024.1
（1+X职业技能等级证书培训教材）
ISBN 978-7-03-072051-1

I. ①中… II. ①唐… III. ①汉字-速记-职业技能-鉴定-教材
IV. ①H126.1

中国版本图书馆 CIP 数据核字（2022）第 057763 号

责任编辑：都　岚　蔡家伦 / 责任校对：赵丽杰
责任印制：吕春珉 / 封面设计：乔　楚

科 学 出 版 社 出版
北京东黄城根北街 16 号
邮政编码：100717
http://www.sciencep.com

北京中科印刷有限公司印刷

科学出版社发行　　各地新华书店经销
*
2024 年 1 月第　一　版　　开本：787×1092　1/16
2025 年 8 月第三次印刷　　印张：11
字数：256 000
定价：45.00 元
（如有印装质量问题，我社负责调换）
销售部电话 010-62136230　编辑部电话 010-62135927-2036

前　言

国务院发布的《国家职业教育改革实施方案》（国发〔2019〕4 号）提出，从 2019 年开始，在职业院校、应用型本科高校启动 1+X（学历证书+若干职业技能等级证书）制度试点工作。

北京速录科技有限公司多年来致力于中文速录技术研发与人才培养工作。2020 年，该公司依据教育部有关落实《国家职业教育改革实施方案》（国发〔2019〕4 号）的相关要求，向教育部申报了中文速录职业技能等级证书，并被列入参与 1+X 证书制度试点的第四批职业教育培训评价组织及职业技能等级证书名单。

为做好 1+X 中文速录职业技能等级证书工作，我们按照国家 1+X 证书制度试点《中文速录职业技能等级标准》（2021 年 1.0 版），以客观反映现阶段行业水平和对从业人员的要求为目标，在遵循有关技术规程的基础上，以专业活动为导向，以专业技能为核心，组织了以行业、企业专家，职业院校的专业骨干教师为主的专家团队，编写了本书。编者在北京速录科技有限公司、北京神州亚伟科贸有限公司的大力支持下，以《中文速录职业技能等级标准》（2021 年 1.0 版）的职业素养、职业专业技能等内容为依据，以工作领域为模块，依照工作任务进行组编。

本书突出实训教学，在全面、系统地介绍各任务内容的基础上，以实际工作中的现场典型工作任务为训练材料，将理论与实操相结合，应知与应会相融合。本书内容全面，由浅入深，详细介绍了中文速录的基本操作与实务技巧，并突出介绍了学生在学习过程中难以理解和掌握的知识点，降低了学生的学习难度。

本书在编写过程中，恰逢中国共产党第二十次全国代表大会胜利召开。编者对本书内容重新审视、全面调整，力求体现"守正创新，踔厉奋发"的"二十大"会议精神，以期为推进"网络强国、数字中国"的建设，为实施科教兴国战略和全面依法治国培养高技能人才，为全面建设社会主义现代化国家贡献力量。

本书由唐骥担任主编，殷宏、刘树桥、王晓宇担任副主编。北京速录科技有限公司、北京神州亚伟科贸有限公司的相关技术人员也参与了本书的编写工作。

各模块教学课时建议如下表所示。

教学课时建议

模块		任务	课时
模块一　速录与辅助速录训练	任务一	中文速录拓展提高训练	10
	任务二	中文速录强化提高训练	20
	任务三	辅助速录训练	10
模块二　音文信息转换训练	任务一	音频信息速录采集训练	30
	任务二	视频信息速录采集训练	30

续表

模块	任务	课时
模块二　音文信息转换训练	任务三　字幕速录训练	20
模块三　文字整理训练	任务一　文稿校对训练	18
	任务二　语义提炼	18
	任务三　会议纪要撰写	18
考核、机动		6
合计		180

　　由于编者水平有限，加之时间仓促，本书疏漏与不足之处在所难免，敬请广大读者批评指正。

编　者

2022 年 11 月

目　　录

绪论　中文速录的应用

　　当今社会，信息与我们的生活息息相关。信息处理已经渗透到各行各业，其中就包括语言文字信息处理。中文速录是以中文为采集对象，由具备相当的信息辨别、采集和记忆能力及语言文字理解、组织和应用等能力的人员，运用速录设备对语音或文本信息进行实时采集、整理的工作，是中文信息处理的重要环节。中文速录的工作速度可达 200字/分以上，配合计算机速录系统，可以实时形成电子文本。正是中文速录高速度、高效率的特点，使其能广泛应用于需要高速采集录入中文语言文字信息的场合。

一、中文速录的应用方式

　　中文速录的应用是以将文字高速录入计算机为表现形式的，实际应用中又有以下几种方式。

（一）看打信息

　　看打信息，就是看着信息进行录入。中文速录应用于看打，主要发挥其使用简便、速度快、准确率高的特点，能够随时把需要的信息迅速录入计算机。有时信息源比较分散，信息载体形式复杂，信息质量参差不齐，甚至出现潦草的手书；有时需要往电子表格、网页、聊天窗口等界面中录入信息，需要采集录入的大部分是短小的文字内容。在这些情况下，熟练应用中文速录能够方便快捷地随看随打，帮助相关人员快速完成录入工作，避免频繁切换信息采集方式（如扫描、拍照、识别、校对、复制粘贴、乱码处理等）而影响工作效率。

（二）听打记录

　　听打记录，就是针对速度比较快的讲话，跟随语言信息同步听打，因此也称为"同声记录"，是中文速录的主要应用方式。中文速录的正常工作速度在 200 字/分以上，很多速录人员可以准确听打 260～300 字/分，可以胜任同声记录工作。"同声"强调的是实时性和同步性，主要包括以下三种应用。

1. 全面记录

全面记录又称为逐字记录，如字幕记录、重要人物的重要讲话记录、重要的谈判记录等。全面记录就是把讲话内容基本上原封不动地记录下来。但是，由于口语和书面语有差异，听打速录稿与原来的讲话，在语法和用词上可能会有细微差别，这就要根据不同的客观要求来决定。如果是作为重要资料存档备查，这时的全面记录，无论讲话内容有无差错，都必须一字不漏地记录下来；如果是为了发言结束立即形成文字稿，马上正式发布或行文打印上报、传达，就需要注意语句的通顺和连贯性，争取做到"信""达""雅"。在有些场合，由于意义重大，甚至要求将现场重要的非语言信息，如演讲者的表情、手势及现场气氛等如实地记录下来。

2. 详细记录

详细记录可以理解为是经过适当整理加工的全面记录，要求在保持讲话者"原话原意"的前提下，可以把一些无关紧要的或重复的词、语、句略去，把讲话内容详细记录下来。这是同声记录的主要应用方式，如会议、演讲、口授、讲座等。

3. 重点记录

重点记录就是把讲话中的重要或主要部分记录下来。这种记录大都是因为讲话内容没有详细记录的必要，如演讲者跑题，或者由于讲话人的口才欠佳，或者方言难懂，无法进行详细记录，只能记其重点。例如，庭审笔录、采访记录等。

（三）想打创作

想打，就是边想边打字，主要包括起草文件、构思作品、编写演示文件等。在这个过程中，尤其重要的是尽量不要打断思维。对人类思维而言，语言是思维活动的工具，是思维内容的载体，是思维结果表现传达的手段。

中文速录技术以汉语拼音为基础，直接对应于中文的语音进行记录，能够快速捕捉一闪即逝的灵感；中文速录的高速度，能够保证思维的连贯性，节约时间，提高效率；中文速录的过程，能够有效减轻人们信息采集的劳动强度，降低紧张感，减少疲劳，轻松工作；中文速录以词为单位的录入原理，使工作过程对脑力的消耗低，不容易干扰头脑的创造性思考，能够轻松实现边想、边采集、边整理，使头脑集中思考，提高文稿的逻辑性，激发创作的灵活性，保证材料的严谨、通顺、精彩。

二、中文速录的应用范围

自中文速录机问世以来，由于中文速录机的应用方式灵活、效果好，受到社会各界的关注与欢迎。经过几十年的发展，中文速录得到了广泛应用，主要集中在以下几个方面。

（一）个人应用

个人应用包括掌握中文速录技术的个人使用速录机，或者中文速录服务的对象为个人。有的文字工作者或媒体工作者，习惯自己打字，但觉得用标准键盘打字速度太慢而购买速录机，学习掌握中文速录技术提高自己的打字速度；有的把速录师请到自己身边，以口授的方式工作，由速录师听打记录并整理稿件；有的法律工作者工作繁忙，需要会见当事人，制作各种法律文书，也会聘用私人速录助理协助完成相关工作。

（二）机构应用

在电视节目、新闻采访、网络直播等工作的字幕制作中，在机关、单位的各种大小会议上，在图书馆、档案馆、资料室等机构中，大量的现场语言信息以及录音录像资料需要迅速转变为文字。在这些场合，中文速录技术的应用，可有效加快信息采集的速度，提高信息传播的效率。因此，速录文秘成为众多相关企业，尤其是大型国企（集团）、上市公司、金融机构等的选择。很多大型企业的高层行政部门都要聘用速录师为企业内部高层会议做速录。根据北京速录科技有限公司人才中心提供的信息，在各行各业各类机构的行政办公岗位上，有累计约 15 万速录文秘从业人员，他们主要分布在科技、金融、文化、传媒、房地产、生物、医药等行业，其中包括各类央企、上市公司、大企业集团等。

此外，为了满足单位和部门内部会议对会议记录工作的要求，相关机构在内部专业岗位应用中文速录技术取得成功。例如，我国的法院系统从 1997 年开始推广应用中文速录技术实现庭审记录计算机化。书记员岗位已成为大规模应用中文速录技术的专业岗位。书记员应用中文速录技术大幅提高了庭审记录的专业能力，缩短了开庭时间，提高了办案效率。2018～2019 年，全国 10 个省、自治区、直辖市发布法院、检察院书记员招聘公告，累计招聘岗位 17 548 人。当时，全国近 80 所开设法律事务、法律文秘等与书记员岗位相关专业的职业院校，年培养人数仅约 5 000 人，呈现供不应求的局面。

（三）社会服务应用

由于中文速录具有"语音落、会议毕、文稿出"的同声采集效果，许多会议的主办方以及新闻媒体记者、法律工作者、作家、影视策划团队、听障人士等都希望购买速录服务，因此一种新的语言服务——"中文速录服务"应运而生。2003 年，"速录师"被列入《中华人民共和国职业分类大典》。目前，在社会上活跃着很多职业速录师，专门从事音像资料整理、字幕速录、会议记录、文字直播、现场大屏幕投影等语言服务。他们或就职于速录服务公司，或自主创业，活跃在发布会、听证会、座谈会、研讨会、交流会、学术会、培训会、商务会、年会、论坛、沙龙等各个层次及行业领域的会场，凭借超强的速录技能，用手指追赶声音，见证一个又一个重要时刻。根据中国旅游饭店业协会、中国旅行社协会、中国会议酒店联盟联合对国内 25 个省、自治区、直辖市 89 个城市的会议情况统计，全国每年召开超过 15 000 场大型会议，近 70%为企业主办。这还只是全部会议的一个缩影，折射出在语言服务应用领域巨大的中文速录应用需求。

三、中文速录应用人才的培养

中文速录是专业性很强的技能，要想成为速录人员，除了需要使用速录专业设备——中文速录机以外，更需要经过严格的专业训练，熟练掌握速录机的操作方法和技巧，具备一定的速录水平，才能够在实践中应用。目前，中文速录应用人才的培养途径主要有社会培训、机构内训和院校专业培养。

1. 社会培训

1993 年，北京市速记协会培训中心开设首批中文速录培训班，培养第一批中文速录师。速录机的发明人唐亚伟教授与首期学习速录机的学员、教师通过反复实践、研究，不断修改完善，编纂了能在短时间（一个月内）掌握全部指法及基本操作技能的教学方法和教材。同时，又以看打和听打结合、熟文章和生文章结合、自习与考试结合的实用有效的教学方法，作为提高速度和准确率的训练方法，从而保证了中文速录应用人才培养的质量与成功率。1994 年，中文速录机问世，速录科技企业在全国范围设立了速录机培训与销售代理机构，开始大规模面向社会开办中文速录培训班，培养了大批中文速录应用人才。

2. 机构内训

为了满足国家机关等对中文速录应用人才的需求，相关机构开展了内部培训，邀请了速录行业企业专家为机构内部人员培训中文速录技能。以法院系统为例：1997 年，随着我国法院系统推广亚伟中文速录机实现庭审记录计算机化，全国各地各级法院开始了针对本地区或本院在岗书记员的中文速录技术培训，已初步掌握中文速录的基本指法，达到 100～180 字/分的速度，能够基本胜任庭审记录工作，为全国法院系统内部中文速录应用人才队伍建设奠定了基础。1997～1999 年，最高人民法院连续举办三届"全国法院书记员计算机录入技能比赛"，进一步促进了法院系统内部中文速录应用人才的培训。目前，全国法院系统已经完善聘任制书记员管理体制，持续开展内部岗位技能继续教育培训和比赛，不断巩固和提升书记员的中文速录应用能力。

3. 院校专业培养

　　1997 年 9 月，中华女子学院设立了全国普通高校第一家"速录实验室"，在秘书系文秘与办公自动化专业本科大学二年级开设了"计算机速记"课程，培训"亚伟中文速录"技术，开启了与院校培养中文速录人才的新篇章。目前，全国 31 个省、自治区、直辖市的近 300 所各级各类普通高校、职业院校，已经开设中文速录课程。2020 年，中文速录进入教育部第四批 1+X 试点职业技能等级证书的名单。1+X 中文速录职业技能等级证书结合了现代办公和专业速录服务的社会需求，体现了相关岗位的技能要求，涵盖了行政事务助理、现代文秘、行政管理、法律文秘、法律事务等专业的相关培养目标，适合院校在相关专业开展培训试点工作，有利于提升现代文秘类、法律实务类等专业学生的综合素质和就业能力。北京速录科技有限公司作为 1+X 中文速录职业技能等级证书的培训评价组织，将与各合作院校共同做好岗课赛证融通，努力让学生学到真本领、真技能，为促进中文速录应用人才的培养、推进职业教育高质量发展贡献力量。

模块一　速录与辅助速录训练

为了完成中文速录职业技能等级标准（中级）所涉及的相关领域的工作任务，需要进一步提高中文速录技能。通过专门的训练，巩固初级所掌握的中文速录基础内容规范，不断强化大脑精准控制手指协同按键的过程，进一步提高"多键并击""双手并击"的能力。在此基础上，还应具备辅助速录的能力，在协助速录师更好地完成速录工作的同时，总结速录现场工作经验，发现自身技能短板，不断提高中文速录技能。

本模块是中文速录的提高部分，安排了中文速录拓展提高训练、中文速录强化提高训练和辅助速录训练三个任务。通过词汇拓展、专项训练和编辑操作等来强化基础指法和操作技巧，通过高速看打和极限看打训练掌握连贯而准确的速录技术，并配合信息校核及现场辅助速录等训练初步形成职业速录师的基本素养。

任务一　中文速录拓展提高训练

【学习目标】

1）能够以不低于 60 字/分的速度且不低于 98% 的正确率录入各种类型的词汇。

2）能够在速录过程中熟练切换并快速准确地录入阿拉伯数字及数学符号、拉丁字母、中文数字。

3）熟悉并灵活应用速录机的编辑操作功能，代替标准键盘和鼠标完成相应操作。

一、专业词汇拓展训练

中文速录速度的提升离不开全部音节码键位的强化，以及全方位、多方面词汇的反复练习。

【学习步骤】

（一）巩固全部音节码词语的录入速度及准确率

步骤 1：让学生进行反复看打录入训练，提高录入速度及准确率，看打训练可分块进行。

步骤 2：让学生进行听音频录入训练，频率可由低到高逐渐加快。

亚伟中文速录机的全部音节码共 360 个（不计声码和韵码）。现将全部音节码进行了（拟）词语编排，方便以（拟）词语的方式将全部音节码进行强化训练，如下所示①。

把握	爬坡	麻痹	法律	大发	踏青	那时	拉动	嘎吧	卡车	哈气	炸弹
查出	沙漠	杂志	擦拭	撒手	搏击	婆媳	磨难	佛门	多次	托儿	诺言
罗列	果酸	阔绰	活泼	卓越	戳住	说完	弱项	左派	搓揉	所以	这么
德宏	那个	了吗	各级	可是	和好	遮住	车站	社交	热情	则是	测算
设置	北宋	配备	美丽	肥料	得去	内部	类别	给过	黑白	这个	谁去
贼头	败类	派别	埋葬	代理	泰山	奶牛	赖皮	该当	开拓	还要	摘记
柴米	筛子	再来	材料	赛场	报告	跑道	冒领	到处	淘汰	闹事	老师
高潮	考试	好处	照办	抄录	少女	绕过	遭殃	操场	扫尾	剖腹	谋略
否决	陡然	头脑	楼台	够用	口腔	喉咙	皱眉	酬劳	受奖	柔道	走了
凑巧	搜寻	办公	盼望	蛮横	翻番	胆略	探究	南宁	拦网	干部	看法
涵洞	瞻仰	颤抖	擅长	然而	暂停	惨案	散热	榜样	庞大	忙碌	方向
档案	搪瓷	皮囊	廊坊	纲领	抗战	航行	涨落	长短	伤亡	让步	赃物
沧州	长权	本来	盆花	门房	分别	嫩芽	根源	肯于	很好	真假	沉着
申请	韧劲	怎能	参差	森海	崩盘	蓬勃	盟邦	峰恋	等级	腾飞	能量
冷气	耕种	坑洼	恒定	争夺	城市	省市	仍将	赠送	层叠	僧侣	董事
痛楚	农业	龙泉	公元	空地	轰炸	仲裁	崇拜	容纳	宗教	从前	送达
避难	批号	秘密	敌人	替代	泥浆	历程	憋气	撇嘴	灭绝	爹娘	铁矿
镊子	劣品	揭露	窃听	协作	谬误	丢弃	牛群	流行	究竟	球赛	修养
嗲声	俩人	家庭	恰好	下楼	标准	飘动	藐视	习难	条款	鸟类	了却
交流	桥梁	消除	边防	骗子	勉强	典型	天颜	年成	练习	艰苦	欠款
先生	姑娘	良性	将军	强盗	想起	滨江	拼音	民警	你们	林业	金银
亲人	心思	兵营	乒乓	明白	顶多	听取	宁可	灵巧	精度	清脆	兴盛
窘迫	琼浆	凶杀	不可	普及	母亲	富裕	毒素	徒劳	怒吼	陆地	鼓励
苦恼	呼吸	注意	除了	熟人	褥子	祖先	粗心	塑性	兑换	推举	贵重
亏本	会议	追随	吹嘘	税收	锐气	嘴边	催促	碎盾	瓜果	夸奖	滑轮
抓贼	刷洗	拐弯	快乐	怀念	拽住	揣度	撑打	断裂	团购	暖气	卵子
关键	宽厚	吹胡	专项	川流	拴住	软和	纂写	逃窜	酸甜	光荣	矿产

---

① 编者注：亚伟中文速录机中的词语编排与正常行文中的词语可能有所不同，特此提示。下同。

荒草	庄稼	窗户	爽快	顿挫	吞吐	论罪	滚动	困扰	混沌	准许	春光
顺风	闰土	尊敬	村庄	损坏	女儿	律己	居然	区分	序列	虐待	掠过
觉醒	缺乏	学院	捐助	全球	宣告	俊俏	群星	巡守	审判	死缓	无期

特别提醒

1）以上（拟）词语中没有包含略码词语，主要锻炼学生全部音节码手形是否摆放规范、转换协调、击键准确等。

2）录入速度应不低于 60 字/分，且准确率应保证在 98% 及以上。

3）建议训练时分为小单元练习。例如，以横行 3 块为一单元，或斜行 3 块为一单元，或竖行 6 块为一单元等。

4）对于部分音节码词语录入不够熟练、出错率高等问题，须单独汇总为一个小单元，进行反复看打、听打强化训练和专项训练。

（二）常用专业领域词汇的速度与准确率训练

步骤 1：收集不同常用专业领域的词汇，进行录入熟悉，提高录入准确率。

步骤 2：制作常用专业领域词汇的听打音频文件，进行听打训练，提高录入速度。

中级阶段需要学生在逐渐熟练全部音节码词语的同时，将各专业领域常用的词汇进行录入熟悉，进行强化训练，提高录入速度及准确率。

若要提高常用专业领域词汇录入准确率，除了要求录入键位要准确外，还要熟练应用各种录入技巧，这些均需要反复训练。

下面列举部分法律词汇，如下所示。

殴打	斗殴	谋杀	合谋	被告	否定	偷盗	周密	调解
仇杀	报酬	没收	手法	诉讼	条款	走私	出走	拘留
拼凑	搜查	传唤	勾搭	虚构	刑事	民事	欺诈	勾引
辩护	湖滨	送达	毒品	民法	法人	罚金	金额	侵犯
违法	非法	对证	查对	推测	税额	偷税	犯罪	摧残
未遂	法规	归案	回避	驳回	看押	押金	假释	附加
诽谤	绑架	旁证	答辩	释放	案情	赔偿	受伤	上诉
出庭	让步	贪赃	赃物	违抗	败诉	待审	债务	负债
栽赃	裁定	制裁	悔改	杀害	害怕	要约	捏造	罪孽
恶劣	盗窃	窃取	协议	威胁	控告	审判	蹲守	整顿
侵吞	结论	论据	准予	批准	遵守	自尊	存档	保存
亏损	冻结	立案	离婚	定案	侵权	法庭	庭审	法令
凌辱	从轻	轻微	刑法	量刑	断案	判决	团伙	专案
罚款	拆穿	传票	缓期	死缓	原判	法院	案卷	无权

权益	宣读	撤诉	律师			
被告人	审判员	借款人	管教所	辩护人	书记员	审判权
检察院	近亲属	保证金	违禁品	投毒罪	侮辱罪	伪证罪
脱逃罪	遗弃罪	受贿罪	被害人	所在地	逮捕书	第二审
结合犯	合议庭	评估人	附加刑	精神病	请求人	裁定书
实行犯	行贿罪					
故意隐瞒	取保候审	紧急措施	贪污受贿	伪造证据	如实回答	
隐匿罪证	违法所得	撤回自诉	最后陈述	犯罪既遂	侦查羁押	
立即释放	集体财产	隐藏罪犯	人身伤害	防卫过当	直接受理	
毁灭证据	及时解除	结伙作案	拒不到庭	开庭审理	刑事责任	
裁定驳回	处以刑罚	立即执行	自行和解	申请复议	提请复核	
真实姓名	下列情形	行政机关	宣告无罪	流窜作案	宣告失踪	
处以罚款	依法传唤	宣布休庭				

❀ 特别提醒

1）学生在录入以上专业类词汇时，应将其中可直击、须选词、略码、捆绑词等全部找出来，分类型进行强化训练是很有必要的。

2）除直击词须熟悉强化外，如"发问（2）""原判（2）""量刑（4）"此类常用专业词汇的选词必须牢记，这将大大提高相关领域文章的录入准确率。

3）如"被告人""审判员"均为三音略码，如"贪污受贿""防卫过当"均为四音略码，熟练掌握略码类专业词汇将大大提高相关领域文章的录入速度。

4）如"合议庭""检察院""近亲属"为捆绑词，掌握专业词汇类中的捆绑词将大大提高录入效率，从而帮助提高录入速度。

5）个别专业词汇可能出现词库中不存在或者击打方法复杂的情况，可视情况对词库进行编辑添加。

知识链接

部分专业领域词汇示例

部分股票名词术语如下。

A股	B股	开盘	日线	月线	分红	反弹	长空	牛市
介入	发力	市价	市值	套牢	被套	高档	高收	涨跌
指数	破位	弱势	做多	崩盘	盘上	盘下	盘跌	盘底
盘档	盘局	盘整	盘高	盘口	鹿市	停板	停牌	探底
减磅	跌势	跌破	跌幅	短空	骗线	离场	满仓	跟风
博傻	熊市	暴跌	暴涨	溢利	溢价	横盘		
优先股	后配股	成交股	成交单	成交量	成交价	成交手		

成交额	成交数	企业股	合股数	支撑线	收盘价	回落期
安全线	买入价	多翻空	红筹股	红利率	买卖盘	强庄股
多头套牢	多角经营	当日交割	次日交割	次点操作	次点买卖
价格优先	行情看涨	过度投机	回补缺口	回调到位	并购概念
先抑后扬	吸筹拉升	冲高潜力

部分气象相关名词术语如下。

雨量	雨水	雨凇	雨雪	雨季	雨情	雨滴	谷雨	流失
急流	狂浪	狂风	狂热	狂涛	梅雨	层云	积云	积冰
积雪	积尘	卷云	热量	热岛	热带	热风	冷锋	极光
冷害	冷冻	冷风	短波	风浪	吸收	日照	芒种	纬度
总量	岁差	连阴	浪高	涡旋	幻景	观测	洪水	周期
黄道	季风	黑子	云量	湍流	酷暑
反气旋	切变线	偏东风	偏西风	大气圈	岩石圈	冰雪圈
压强值	逸散层	摩擦层	空气层	天气图	正环流	摩擦力
地转风	等压线	梯度风	热成风	冷平流	暖平流
东南信风	太阳辐射	地转偏差	均质气层	高层大气	极峰急流
间接环流	对流层顶	太阳大气	一周预报	天气预报	暴风警报
气象观察	测高公式	气压梯度	等偏差线

【拓展训练】

1）请学生自行收集一部分本书以外的某个或某几个专业领域的词汇，以双音词、三音词、四音词的形式进行整理，每个专业领域不少于 60 个词。

2）请学生按照专业领域词汇分类的方式，尝试按照其他分类方式进行词汇汇总整理录入训练，如按照手指分类，小指词语、中指词语等。学生可分小组讨论，充分发挥创造力。

【学习评价】

填写学习评价表，如表 1-1-1 所示。

表 1-1-1 学习评价表

考核知识点	考核标准	分值	自评分	小组评分	综合得分
全部音节码词语	熟练看打录入	25			
	听打不低于 60 字/分，准确率不低于 98%	25			
常用专业领域词汇	熟练看打录入，且能够掌握常用选词、略码等	25			
	听打不低于 60 字/分，准确率不低于 98%	25			
总分		100			
教师指导意见					

二、专项拓展提高训练

中级阶段录入速度的提高既需要对音节码的进一步熟练，还需要对阿拉伯数字与数学符号、拉丁字母、汉字数字特定码等专项内容录入技能的进一步拓展。这些内容在初级阶段都进行了单独的专门练习，已经基本熟练。中级阶段的任务是进一步提高这些专项内容的实际应用能力，与其他内容的录入融为一体，达到应用自如。

【学习步骤】

（一）阿拉伯数字及数学符号实用拓展训练

步骤1：复习巩固阿拉伯数字及数学符号的编码及指法。

步骤2：收集含有阿拉伯数字及数学符号的内容进行综合训练。

1. 阿拉伯数字及数学符号回顾

亚伟中文速录机的阿拉伯数字及数学符号键的键位，如图1-1-1所示。

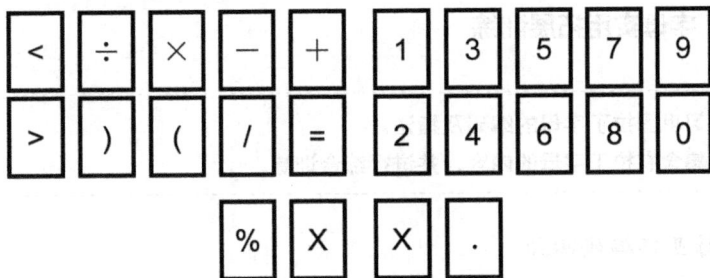

图1-1-1　阿拉伯数字及数学符号键的键位

2. 阿拉伯数字在文章中的使用情况分析

下面的例文，节选自《法治蓝皮书：中国法院信息化发展报告No.2（2018）》，文中包含不少阿拉伯数字。

人民法院进一步完善网络查控系统。网络查控的广度和力度得以全面提升，现有执行查控体系基本能够覆盖全国范围内所有财产形式，对被执行人财产"一网打尽"，彻底改变"登门临柜"的查人找物方式。

执行案件线索关联功能以可视化的界面，关联执行案件的人、案、物关联关系，识别三角债关系，服务执行法官办案。网络执行查控系统不断拓展，已经覆盖3 734家银行，3 408家银行开通了网络冻结功能。可查询的信息种类从仅银行存款1类信息，拓展到14类信息，包括财付通账户存款信息、支付宝账户财产信息、京东金融平台的财产信息等新出现的财产形式信息。全国3 511家法院上线使用网络执行查控系统覆盖率达99.66%。

截至 2017 年年底，全国法院已经利用网络查控系统查询案件 3 440 万件、冻结案款 1 800 余亿元，查询车辆 3 100 万辆、渔船和船舶 36.3 万艘、证券 522 亿股、互联网银行存款 32.59 亿元。纳入失信被执行人名单库 959 万例。在强大的查控能力基础上，对失信被执行人形成多部门多领域联合信用惩戒，信用惩戒系统实现与社会诚信体系的全面联动，在信用惩戒方面多维关联、扩大范围、加大力度。

（资料来源：李林，田禾，吕艳滨，等，2018. 法治蓝皮书：中国法院信息化发展报告 No.2（2018）[M]. 北京：社会科学文献出版社. 节选，略有改动。）

结合上面的例文，在文章中应用阿拉伯数字及数学符号常用的几种情况如下。

1）纯数字，如"1""14"等。

2）含小数点的数字，如"36.3""32.59"等。

3）百分数，如"99.66%"等。

4）带单位的数字，如"3 100 万""522 亿"等。

3. 对阿拉伯数字和数学符号进行实用拓展训练

1）根据例文中总结的几种情况，对数字和数学符号有意识地进行组合，然后分别进行强化拓展训练，特别是混合使用的情况，尤其要加强相应录入技巧的训练。

2）寻找包含阿拉伯数字及数学符号较多的文字段落反复看打、听打，并进行实际应用拓展训练。

（二）拉丁字母实用拓展训练

步骤 1：复习巩固拉丁字母的编码及指法。

步骤 2：收集含有拉丁字母的内容，并进行综合训练。

----

1. 拉丁字母亚伟编码回顾

大写拉丁字母的亚伟编码，如表 1-1-2 所示。

表 1-1-2　大写拉丁字母亚伟编码

双手并击		屏幕显示	双手并击		屏幕显示	双手并击		屏幕显示
左手	右手		左手	右手		左手	右手	
XU	A	A	XU	GI	J	XU	XZ	S
XU	B	B	XU	XBG	K	XU	BD	T
XU	BZ	C	XU	XD	L	XU	U	U
XU	D	D	XU	XB	M	XU	UE	V
XU	E	E	XU	N	N	XU	W	W
XU	XBU	F	XU	O	O	XU	XI	X
XU	G	G	XU	BG	P	XU	IA	Y
XU	XG	H	XU	XGI	Q	XU	Z	Z
XU	I	I	XU	XBZ	R			

注：录入小写拉丁字母时，左手使用功能码"XUE"替换表中"XU"与右手相应编码并击。

2. 拉丁字母在文章中的使用情况分析

下面的例文中包括一些使用拉丁字母的情况。

5G 融合应用不同于消费互联网应用，5G 融合应用的主战场赋能实体经济、赋能千行百业。这就决定了 5G 融合应用是一项长期性、复杂性、系统性的工程，既涉及 IT（信息技术）、CT（通信技术）、OT（运营技术）的深度融合，又与各行业企业数字化基础、经验知识等紧密结合，不仅需要产业链上下游多方主体间广泛参与，开展"团体"合作，也亟须政府部门间通力协作，加大支持和引导力度，推动形成 5G 应用的大融合、大生态。

（资料来源：中华人民共和国工业和信息化部通信发展司，2021. 《5G 应用"扬帆"行动计划（2021—2023 年）》解读[EB/OL].（2021-07-13）[2021-11-25].http://www.xinhuanet.com/info/20210702/C970860E1BB000017C1E19202CA0DC60/c.html, 节选，略有改动。）

拉丁字母在文章中常有以下几种应用情况。

1）英文缩写。例如，例文中的"IT""CT""OT"。

2）与汉字或数字混用。例如，例文中的"5G"。

3）英文单词。例如，"Windows"等。

4）商标、姓名、产品等。例如，"INTERSTENO"等。

3. 对拉丁字母进行实用拓展训练

1）结合应用分析，分别寻找相关素材进行拓展训练，尤其是常用缩写，大小写转换，拉丁字母与汉字、数字、数学符号等混合使用的情况，要进一步强化。

2）寻找包含拉丁字母较多的文字段落进行反复看打、听打，并进行实际应用拓展训练。

（三）汉字数字特定码实用拓展训练

步骤 1：复习巩固汉字数字特定码的编码及指法。
步骤 2：收集含有汉字数字特定码的内容，并进行综合训练。

1. 汉字数字特定码回顾

汉字数字特定码，如表 1-1-3 所示。

表 1-1-3　汉字数字特定码

中文小写数字	特定码	中文大写数字	特定码
一	WI	壹	W:WI
二	XWE	贰	W:XWE
三	WN	叁	W:WN
四	ZW	肆	W:ZW
五	WU	伍	W:WU

中文小写数字	特定码	中文大写数字	特定码
六	WEO	陆	W:WEO
七	XGWI	柒	W:XGWI
八	BW	捌	W:BW
九	GW	玖	W:GW
十	XZW	拾	W:XZW
零	WO	零	WO

2. 汉字数字在文章中的使用情况分析

下面的例文是从《中华人民共和国民法典》中节选的一段内容。

第一编 总 则
第一章 基 本 规 定

第一条　为了保护民事主体的合法权益，调整民事关系，维护社会和经济秩序，适应中国特色社会主义发展要求，弘扬社会主义核心价值观，根据宪法，制定本法。

第二条　民法调整平等主体的自然人、法人和非法人组织之间的人身关系和财产关系。

第三条　民事主体的人身权利、财产权利以及其他合法权益受法律保护，任何组织或者个人不得侵犯。

第四条　民事主体在民事活动中的法律地位一律平等。

第五条　民事主体从事民事活动，应当遵循自愿原则，按照自己的意思设立、变更、终止民事法律关系。

第六条　民事主体从事民事活动，应当遵循公平原则，合理确定各方的权利和义务。

第七条　民事主体从事民事活动，应当遵循诚信原则，秉持诚实，恪守承诺。

第八条　民事主体从事民事活动，不得违反法律，不得违背公序良俗。

第九条　民事主体从事民事活动，应当有利于节约资源、保护生态环境。

第十条　处理民事纠纷，应当依照法律；法律没有规定的，可以适用习惯，但是不得违背公序良俗。

第十一条　其他法律对民事关系有特别规定的，依照其规定。

第十二条　中华人民共和国领域内的民事活动，适用中华人民共和国法律。法律另有规定的，依照其规定。

总体而言，经常使用汉字数字的情况如下。

1）条目，如"第一章""第一条"等。

2）包含汉字数字的词语，如"一般""十全十美""七上八下"等。

3）其他数字，如"星期六""清咸丰十年九月二十日"等。

3. 对汉字数字进行实用拓展训练

1）结合汉字数字的应用情况，分别寻找相关素材进行拓展训练，尤其是法律条文、章程、教材等。对其中的录入技巧要进行进一步强化训练。

2）寻找包含汉字数字较多的文字段落进行反复看打、听打，并进行实际应用拓展训练。

知识链接

阿拉伯数字的用法

下文节选自《出版物上数字用法》(GB/T 15835—2011)，介绍阿拉伯数字的用法。

4.1.1 用于计量的数字

在使用数字进行计量的场合，为达到醒目、易于辨识的效果，应采用阿拉伯数字。

示例 1： -125.03　34.05%　63%~68%　1：500　97/108

当数值伴随有计量单位时，如：长度、容积、面积、体积、质量、温度、经纬度、音量、频率等，特别是当计量单位以字母表达时，应采用阿拉伯数字。

示例 2：523.56 km（523.56 千米）　　　　346.87 L（346.87 升）

5.34 m^2（5.34 平方米）　　　　567 mm^3（567 立方毫米）

605 g（605 克）　　　100~150 kg（100~150 千克）

34~39 ℃（34~39 摄氏度）　　　120 dB（120 分贝）

4.1.2 用于编号的数字

在使用数字进行编号的场合，为达到醒目、易于辨识的效果，应采用阿拉伯数字。

示例：

电话号码：98888

邮政编码：100871

通信地址：北京市海淀区复兴路 11 号

电子邮件地址：x186@186.net

网页地址：http://127.0.0.1

汽车号牌：京 A00001

公交车号：302 路公交车

道路编号：101 国道

图书编号：ISBN 978-7-80184-224-4

章节编号：4.1.2

4.1.3 已定型的含阿拉伯数字的词语

现代社会生活中出现的事物、现象、事件，其名称的书写形式中包含阿拉伯数字，已经广泛使用而稳定下来，应采用阿拉伯数字。

示例：3G 手机　MP3 播放器　G8 峰会　维生素 B_{12}　97 号汽油　"5·27"事件 "12·5"枪击案

【拓展训练】

1）请学生分组收集并组合成混合了阿拉伯数字及数学符号、拉丁字母和汉字数字特定码等专项训练内容的综合训练文章。

2）在组与组之间进行读打练习考核。小组中派一名成员给另一小组全员读数字文章。

3）评定各组学生录入速度、准确率，并检查其数字使用是否规范。

4）全班针对考核情况进行专项拓展训练内容、方式、作用、效果等的讨论，制订针对性训练方案。

【学习评价】

填写学习评价表，如表 1-1-4 所示。

表 1-1-4 学习评价表

考核知识点	考核标准	分值	自评分	小组评分	综合得分
专项拓展提高训练	正确说出阿拉伯数字及数学符号的常用情况	40			
	正确说出拉丁字母的常用情况	30			
	正确说出汉字数字的常用情况	30			
总分		100			
教师指导意见					

三、编辑操作综合训练

初级阶段介绍过亚伟中文速录系统的高级操作，包括编辑键盘及相关操作的速录机快捷键。中级阶段需要熟练掌握上述常用操作，并能在实际工作中灵活运用，减少亚伟中文速录机与标准键盘、鼠标的频繁切换，从而提高工作效率。

【学习步骤】

深入了解并熟练掌握亚伟中文速录系统的高级操作。

步骤 1：深入了解并熟悉亚伟中文速录机编辑键盘的功能与应用方法。
步骤 2：进一步了解并熟悉如何使用亚伟中文速录机完成相关快捷操作的方法。
步骤 3：根据速录稿整理的相关知识，能够正确整理速录稿。

1. 亚伟中文速录机编辑键盘的功能回顾

亚伟中文速录机编辑键盘的键位分布，如图 1-1-2 所示。

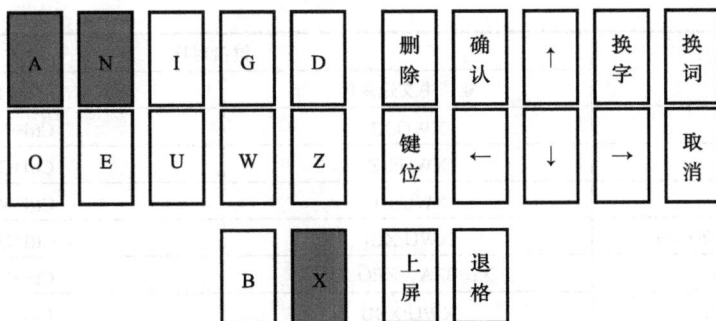

图 1-1-2　编辑键盘的键位分布

编辑键盘各键位功能如下。

1）X：强制上屏。速录软件内有效，将提示行尚未自动上屏的内容直接上屏。

2）I：上移光标。全局功能，相当于标准键盘的光标上移键。

3）U：下移光标。全局功能，相当于标准键盘的光标下移键。

4）W：左移光标。全局功能，相当于标准键盘的光标左移键。

5）E：右移光标。全局功能，相当于标准键盘的光标右移键。

6）B：退格。全局功能，相当于标准键盘的 Backspace 键，删除位于光标前面的一个字符。

7）D：删除。全局功能，相当于标准键盘的 Delete 键，删除位于光标处的一个字符。

8）N：在速录软件内打开同音字窗口。可移动光标挑选当前光标位置汉字的同音字，确认后替换修改。

9）A：在速录软件内打开同音双音词窗口。可移动光标挑选当前光标位置双音词的同音词，确认后替换修改。

10）G：回车/确认。全局功能，相当于标准键盘的 Enter 键。

11）O：取消。全局功能，相当于标准键盘的 Esc 键。

12）Z：查亚伟码。速录软件内有效，显示当前光标前后共 11 个字符范围内汉字亚伟码。

2. 使用亚伟中文速录机完成相关快捷操作的方法回顾

亚伟中文速录机与标准键盘操作对比，如表 1-1-5 所示。

表 1-1-5　亚伟中文速录机与标准键盘操作对比

功能	键盘对比	
	亚伟中文速录机	标准键盘
新建	XWU:N	Ctrl+N
打开	XWU:O（外挂状态）	Ctrl+O
保存	XWU:XZ	Ctrl+S

续表

功能	键盘对比	
	亚伟中文速录机	标准键盘
剪切	XWU:XI	Ctrl+X
复制	XWU:BZ	Ctrl+C
粘贴	XWU:UE	Ctrl+V
从外部应用程序粘贴	XWU:XGI	Ctrl+Q
插入/添加	XU:BZA、XEO:XN	Ctrl+R
查找/替换	XWU:XBU	Ctrl+F
撤销	XWU:Z	Ctrl+Z
反撤销	XWU:IA	Ctrl+Y
选中内容	XWU:I、W、U、E	Shift+光标移动
键位查询	XNA:Z	Ctrl+K
替换同音字	XNA:N	Ctrl+U
替换同音词	XNA:A	Ctrl+W
造词	XWU:XBW	Ctrl+D
自定义	XWU:D	Ctrl+E
分段	XAN:G/XBW	Enter
向前/后删除	XAN:B、W:W/XAN:D	Backspace/Delete
形码	XN:XN	（亚伟中文速录机操作）
行首	XU:XZEO、XEO:XG	Home
行尾	XU:XBO、XEO:XW	End
上屏	XAN:X、X:W、W:X	（亚伟中文速录机操作）

3. 速录机的速录—编辑一体化操作

编辑操作是计算机文字处理的基本内容，同样也是速录工作必不可少的步骤。通常人们习惯使用键盘和鼠标进行编辑。速录工作主要是记录文字，需要依靠操作速录机来完成，如果频繁地切换使用速录机和键盘、鼠标势必会影响工作效率。为此，为速录机专门设计了完善的编辑功能编码，可以使文字速录与相关编辑一气呵成。这些编辑包括光标移动、文字删改、字词操作、段落操作、块操作等，原则上学生必须熟练掌握速录过程中常用的功能。这是提高阶段需要完成的训练任务。

速录—编辑一体化操作，即使用速录机完成速录和编辑的全部操作过程。在实际操作中，速录和编辑往往是同时进行的，不能绝对分开。速录机常用的编辑操作如下。

1）光标的上下左右移动：XNA:I、XNA:U、XNA:W、XNA:E。

2）移动光标至行首/末：XU:XZEO（首）/XU:XBO（末），对应标准键盘的 Home 键和 End 键。

3）上/下翻页：XU:INA（言）/XU:UEO（翁），对应标准键盘的 PgUp 键和 PgDn 键。

4）移动光标至篇首/末：XWU:INA/XWU:UEO 或 XEO:XI/XU。

5）速录提示行选字、词：左手"XNE"，右手并击速录机阿拉伯数字键盘相应键位。

6）提示行前/后翻页：XNE:X/XNE:B。

7）选中上下左右的内容/取消内容选中：XWU:I、XWU:U、XWU:W、XWU:E/XNA:E。

8）强制上屏：XNA:X/X:W/W:X。

9）切换添加/插入状态：XU:BZA（插）/XEO:XN。

10）查询速录码：XNA:Z（显示当前光标前后十个汉字的速录码供查阅）。

11）取消任意对话框：XNA:O，对应标准键盘的 Esc 键。

12）删除光标左/右边的内容：XNA:B/XNA:D，对应标准键盘的 Backspace 键/Delete 键；删除选中内容：XNA:D，对应标准键盘的 Delete 键。

13）查看选中单个汉字的联词消字定字：XWU:BZA（查）。

14）选中内容的复制/剪切/粘贴：XWU:BZ/XWU:XI/XWU:UE。

15）执行查找/替换功能：XWU:XBU。

16）文件保存/新建：XWU:XZ/XWU:N。

17）撤销/反撤销：XWU:Z/XWU:IA。

18）同音字/词替换：XNA:N/A—移动光标选择—确定（XN:G/XWU:XBW）。

19）速录系统外挂输入框开启：DGIN:DGIN。

20）在 QQ/微信对话框里发送消息：XA:XZ/XNA:G，对应标准键盘的 Alt+S 组合键/Enter 键。

21）在 Word 文档中打开文件/全选/左对齐/右对齐：XWU:O/XWU:A/XWU:L/XWU:R，对应标准键盘的 Ctrl+O 组合键/Ctrl+A 组合键/Ctrl+L 组合键/Ctrl+R 组合键。

以上操作均可用亚伟中文速录机来完成，熟练掌握后即可实现速录—编辑一体化操作。

知识链接

速录稿的整理

1. 速录稿整理的作用

速录是运用汉语拼音，以音节流的方式来记录人们的讲话，将所记录的音节流转换为汉字的工作由速录系统来完成。由于汉语音节数量少、汉字数量大，加上人们讲话过程中经常出现同音字词的现象，速录虽然采用了计算机智能软件，但它终不能像人那样能够完全准确地翻译和记录人们的语言。另外，在速录时，由于时间限制等各种因素的影响，速录师也不可能把讲话者的内容一字不漏地记录下来和把其中的错误全部调整过来。

总之，速录稿中肯定会存在这样那样的纰漏，因此必须通过编辑键盘功能在录入过程中或录入结束后对速录稿快速进行校对和整理。

2. 速录稿整理的原则

1）根据上下文语意通顺的原则。

速录稿的整理，必须根据上下文来进行。尤其是同音字词的判断，必须依靠上下文甚至整篇讲话的内容进行合理校对和整理。

对于语句的调整，也必须根据上下文的内容来进行，不能仅仅进行局部修饰而忽视全文的衔接及一致性。有的时候，有些内容在一个局部来看是连贯和合理的，而从全文来看，会发现这里的内容可能是另外一部分内容的继续，这时就应该将其调整过来。

2）忠实原话原意的原则。

对速录稿进行整理，不能主观随意地进行。速录师的任务职责，仅仅是把讲话如实地记录下来，没有权力修改讲话者的原意，也没有权力随意进行归纳和总结。

诚然，讲话者的讲话有时会不太合适或口语化太强，或语法结构明显不符合逻辑，或存在明显指代不清等问题。这些都需要进行适当的调整，但在调整时一定要谨慎。若出现二意性又无法判断应该属于哪一种情况时，最好不要修改，或将整理的部分用括弧"（ ）"做标记，这说明是记录以后由速录师整理出来的，而不是讲话者直接讲出来的。

特别提醒

1）当光标放在"跟打器"等软件界面时，可以用 XU:IAN/UEO 进行上下翻页。

2）例如，"史实"这个词在提示行第二页的第一位，如果知道这个词语是在第二页的第几位，那么可以把提示行翻页和提示行选词合并一步操作，即 XAN:BD。其中，"B"为翻页，"D"为对应"史实"这个词在提示行对应数字编码。

【拓展训练】

请教师设置一个主题，给学生5～10分钟的准备时间，让学生围绕该主题进行即兴发言。当一名学生发言时，其他学生进行文字记录（教师可进行录音，以供后续整理使用）。最后将几名学生记录的即兴发言稿进行整理，并抽取优秀的发言稿在全班进行展示，然后就每个细节为何进行修改、整理，以小组的形式来进行讨论。

【学习评价】

填写学习评价表，如表1-1-6所示。

表1-1-6 学习评价表

考核知识点	考核标准	分值	自评分	小组评分	综合得分
速录机编辑键盘	正确说出亚伟中文速录机编辑键盘的功能	50			
速录机快捷操作	正确说出使用亚伟中文速录机完成相关快捷操作的方法	30			
速录稿的整理	能够根据相关知识，正确整理速录稿	20			
总分		100			
教师指导意见					

综合训练一

请将下面这篇文章，按连贯性要求进行看打训练，要求如下。

1）一定要保持录入的连贯性，两次击键之间不要停顿。

2）一定要保证指法的准确、规范，争取不出现击键错误。

3）一定要注意击键动作轻松自然，保持正确的坐姿。

职业技能等级证书监督管理办法
（试行）

为了建设全社会终身教育、继续教育、职业教育培训制度体系，构建国家资历框架，提高国民素质，建立推广国家职业标准，提升职业院校（含技工院校）学生和全社会劳动者就业技能，促进国家先进制造业和现代服务业水平提升，解决目前国家经济社会发展部分重点领域技能人才十分短缺的问题，按照部门"三定"方案规定和《国家职业教育改革实施方案》（职教20条）要求，做好"学历证书+若干职业技能等级证书"制度试点工作，现就职业技能等级证书的监督管理，制定本办法。

一、动员、指导、扶持社会力量积极参与职业教育、职业培训工作。人力资源社会保障部建立完善、发掘、推荐国家职业标准，构建新时代国家职业标准制度体系。通过组织起草标准、借鉴国际先进标准、推介国内优秀企业标准等充实国家职业标准体系，逐步扩大对市场职业类别总量的覆盖面。教育部依据国家职业标准，牵头组织开发教学等相关标准。培训评价组织按有关规定开发职业技能等级标准。

二、职业技能等级证书按照"三同两别"原则管理，即"三同"是：院校外、院校内试点培训评价组织（含社会第三方机构，下同）对接同一职业标准和教学标准；两部门目录内职业技能等级证书具有同等效力和待遇；在学习成果认定、积累和转换等方面具有同一效能。"两别"是：人力资源社会保障部、教育部分别负责管理监督考核院校外、院校内职业技能等级证书的实施（技工院校内由人力资源社会保障行政部门负责）；职业技能等级证书由参与试点的培训评价组织分别自行印发。

三、人力资源社会保障部、教育部分别依托有关方面，组织开展培训评价组织的招募和遴选工作，入围的培训评价组织实行目录管理。培训评价组织遴选及证书实施情况向国务院职业教育工作部际联席会议报告。两部门严格末端监督执法，定期进行"双随机、一公开"的抽查和监督。

四、人力资源社会保障部、教育部在国务院领导下开展试点工作，遇到具体问题，可通过部门协调机制解决。重大问题可通过国务院职业教育工作部际联席会议协调。

（资料来源：中华人民共和国人力资源和社会保障部，教育部.职业技能等级证书监督管理办法（试行）[EB/OL]（2019-04-23）[2021-11-26]. http://www.mohrss.gov.cn/SYrlzyhshbzb/rencaiduiwujianshe/zcwj/jinengrencai/201904/t20190428_316479.html.）

任务二　中文速录强化提高训练

❀【学习目标】

1）能够以句子为单位，连贯性看打录入普通文章。
2）能够以不低于 200 字/分的速度（准确率为 98%及以上），看打录入熟文章。

一、连贯性看打强化训练

看打训练的目的是掌握规范的指法，积累高效的打法，为听打工作奠定坚实的基础。其中，首先要做到的就是连贯性，即两次击键中间没有停顿，一气呵成。

【学习步骤】

熟练掌握连贯性看打的方法。

步骤 1：看打中保持连贯性阅读。
步骤 2：三音、四音、多音词语的连贯性看打强化训练。
步骤 3：短语、短句的连贯性看打强化训练。
步骤 4：进行文章训练。

1. 看打中保持连贯性阅读

文章的最小单位是字符。但我们在看文章时，如果以字符为单位，则不能正确理解其含义。例如，"汉字规范化手册"这 7 个字，是由"汉字"、"规范化"和"手册"这三个词构成的。阅读则是以词为单位，并将它们组合成一个完整而有意义的名称的过程，可在一秒钟之内完成。

速录看打是在阅读的基础上录入的。在初级阶段，我们练习最多的是双音词语。为了保证指法的准确和规范，词语之间是不连贯的。每分钟 100 字的速度，一次击键平均为一秒钟，大大低于阅读的速度。这就导致阅读过程被录入打断了，信息没有连续进入大脑，反过来又成为速度提高的障碍。

因此，我们在看打时，虽然动作不够快，但是要保持连贯性阅读的习惯，把文字在脑子里串起来，然后再不断地分发给双手去录入。

2. 以三音、四音、多音词语为单位的录入训练

当我们知道录入速度"拖累"了阅读，阅读又反过来"拖累"了录入速度的情况，

就需要有意识地一次性多读一些文字。但是，我们在短时间内能够记忆的内容非常有限，所以要先从 2～4 个录入单元开始进行训练。

具体方法是：一次性记住 2～4 个录入单元的内容，然后开始录入，中间不再看原文。在第一个录入单元的按键基本完成时，就开始准备为下一个录入单元移动手指。当第一个录入单元的手指随着键位的回弹抬起时，第二个录入单元的手指直接摆放到位，中间没有多余的停顿。如此反复，直到一个词语录入完毕。

例如，三音词"规范化"是两个录入单元，应一次性将"规范化"记住，当录入"规范"时，即开始准备录入"化"，因无须再花时间去看原文，从而避免了中间的多余停顿。

又如，"汉字规范化手册"这 7 个字包括 4 个录入单元，中间要经过三次连贯性操作。学生必须有意识地训练，建立起连贯性录入的习惯。

3. 短语、短句的录入训练

经过上面的训练，已经初步建立起连贯性录入的习惯。进一步地，在看打录入更多的内容时，首先保持以词语为单位的连贯性录入，再用同样的方法完成词与词的串联，这样就能实现以句为单位的连贯性录入，建立起"不停顿看打"的连贯性状态。

知识链接

速录提高训练的关键——文章训练

速录提高训练，不仅需要进一步提高击键的连贯性，还需要熟练掌握录入技巧，其关键在于进行文章训练，使速录技能得到提高。

（一）文章训练的注意事项

文章训练是比较接近工作状态的一种训练方式，其训练方法和应用的录入技巧也十分丰富、多变。

1）因为录入文章的时间比单个句子要长，所以需要在录入中保持正确的坐姿和指法，以减少长时间录入的疲劳感。

2）保持平稳、统一的录入节奏，对于提高录入速度起着至关重要的作用，也能确保录入的连贯性。为了提高文章录入的速度和准确率，需要注意以下几个方面。

① 使用"添加"状态进行录入。很多人会忽略这一点，其实利用"添加"状态进行录入听打时，可以利用录音文件中语句的短暂停顿，在不需要改变"添加"或"插入"状态的情况下，对已输入的同音字进行校对，既节省了校对时间，又提高了准确率。

② 在录入句子的基础上，继续加强录入技巧的运用，如自定义。对文章中反复出现的字词可以进行自定义，从而提高录入速度，简化键位。

③ 熟悉每一个键位，熟练指法，在练习文章的同时，也不能忽略词语基本功的练习。

首先，速录对知识面的广度要求较高。在练习中，由于政治、经济类的文章相对简单，通过练习，比较容易达到每分钟200字以上的录入速度。但是对于难度高（如历史、医学类）的文章，由于平时接触相关词汇较少，录入中的联词消字定字技巧应用会增多，导致输入的连贯性不够，造成速度明显下降。这就要求在平时的训练中，尽量找不同类型的内容进行练习，不断积累新词汇，调整节奏，扎扎实实地提高录入速度。

其次，录入速度是建立在准确率基础上的，不能因为一味地追求速度而放松了对准确率的要求。提高准确率，除了运用各种录入技巧外，最关键的是下键的准确性，保证一次上屏的准确率，避免来回改的频次，这对提高录入速度非常重要。

（二）灵活选用各种速录技巧

通过文章训练，学生可以熟练掌握多种录入技巧。在录入过程中，有些技巧会同时出现，甚至同一种技巧也有多种录入方式。下面列举几种具体情况。

1）例如"等"字，可以用高频特定单音词的方式"等（X:DNE）"来录入，也可以用联词消字定字"等（等）"的方式来录入；"各"字，可以用高频特定单音词的方式"各（X:G）"来录入，也可以用联词消字定字"各（个）"的方式来录入。

2）同一个字的联词消字定字方式也有很多，基本原则就是以键位简单为上选。一般来说，选择用"留左删右"方式的人比较多。例如"建"字，可以选择"建设"，也可以选择"建筑""建委"。

3）在双音略码方面，有些词即使不按照略码的方式来录入，键位也相对比较简单，并且排在备选词中的第一个，所以会忽略击打略码。然而，在录入中经常会有词语捆绑的情况出现，如果因为词语捆绑而造成错误，就会直接影响录入速度和准确率。

例1："生活时"三字，应击打"生活""时（W:XZ）"，否则直接击打会被捆绑成"生活史"。

例2："可再生资源在较短时间内可以更新、再生或可以循环使用……"这句话中，"再生或"应按照"再生""或（W:GXO）"的方式击打，否则会被捆绑成"在生活"。

4）在多音略码和双音略码的录入上，也可根据个人的录入习惯和看到词的第一反应来自由选择。例如，"中国共产党人"一词，可以有如下几种录入方式。

① 中国共产党人；

② 中国共产党人；

③ 中国共产党人。

5）在后置成分双音词的应用上，如"社会"和"主义"两个词语都属于后置成分双音词，"社会主义"一词可以通过分别击打"社会（:XZWUE）"和"主义（:IZW）"来实现，还可以通过直接击打"社会主义（XZE:IZW）"来实现，而如果直接击打"社会主义"一词，则直接减少了击键频率，可以有效提高录入速度。

特别提醒

1）中级阶段的速度训练，以大量练习文章为主要内容，既可以熟悉音节码，又可以提高连贯性，还掌握了大量技巧，一举三得，事半功倍。在保证准确率为 98%及以上的前提下，中级阶段的文章训练可分为看打训练文章和听打训练文章。

看打训练文章可选取难度中等、多方面多类型的、能够综合运用所学的各种录入技巧的，旨在通过训练提升学生的技巧积累量。

听打训练文章可选取难度一般，用于提高学生听打录入速度及其准确率的文章，听打训练文章可以分为听打提速文章、听打练习文章和听打测试文章。

听打提速文章的内容相对简单、包码量较大，旨在训练学生熟练音节码，提高击键连贯性。中级阶段提速文章训练目标是 200～220 字/分。

听打练习文章的内容相对比较全面，各类型都要有所涉及，旨在拓宽学生的知识面，掌握多方面多类型词汇。听打练习文章的难度相较于提速文章要大一些，其训练速度相对慢，为 20～40 字/分以上，听打练习文章与听打提速文章的训练时间分配比例为 1∶1。

听打测试文章与听打练习文章内容基本一致，旨在检验学生的训练成果。在提速过程中以练为主、以测为辅。测试的目的主要是找出不足之处，然后有针对性地再训练，从而提高训练效果。

2）特定码和略码的大量使用会极大提高录入的准确性，且不影响录入的速度，中级阶段应作为重点让学生牢固掌握。

【拓展训练】

请教师收集多领域内容的文章，每个类型 1 800 字左右，供学生看打练习使用。训练目标为 20 分钟内录入完成，且准确率保证在 98%及以上。

教师规定好练习时间，可分小组进行看打录入比赛，录入最快、最准的小组获胜，并设置相应奖励。

【学习评价】

填写学习评价表，如表 1-2-1 所示。

表 1-2-1　学习评价表

考核知识点	考核标准	分值	自评分	小组评分	综合得分
词语连贯性看打	词语连续录入，中间没有停顿	40			
短语、短句连贯性看打	短语、短句连续录入，中间没有停顿	40			
文章训练	文章训练完成情况	20			
总分		100			
教师指导意见					

二、熟文章看打强化训练

熟文章就是经过数十遍乃至上百遍的反复练习，击打速度非常高的文章段落，一般在数百字左右。熟文章是为提高击键频率而进行专门训练的，在速度练习的各阶段都是必不可少的训练内容。

【学习步骤】

掌握熟文章看打强化训练方法。

步骤1：学习熟文章看打训练的方法。
步骤2：对给出的熟文章范文进行强化训练。

1. 熟文章的选择

熟文章应选择难度一般的文章，如政治类、经济类、法律类等。

文章内容切忌略码很少、联词消字定字过多，因为这样的文章录入速度不容易提高，达不到练习的效果。同样，尽量不要选择略码太多的文章，毕竟与实际工作中略码出现的概率相差太多，实际意义不大。

2. 熟文章训练的作用

音节码的练习可以把录入速度提高到160字/分以上。然而，通过熟文章的训练，即一篇数百字的文章经过几十遍的反复练习，就可以把录入速度提高到200字/分以上，而以这时的水平录入生文章的实际速度一般要低于熟文章的速度。

当掌握的熟文章数量逐渐增加以后，录入生文章的实际速度就越来越接近熟文章的速度，最终达到录入生文章与录入熟文章的速度差不多，这样速度训练的阶段性目标就实现了。

另外，在熟文章训练的过程中包含大量的略码、特定码、联词消字定字等录入技巧，每熟练录入一篇文章都是录入技巧的积累。当录入速度提高以后，录入技巧也积累到了一定的水平，使得实际录入的准确率比初学时有所提高。

3. 熟文章看打训练的方法

1）找出熟文章中的略码和特定码，对录入技巧进行标记。

单字特定技巧的选择除特定码外，应首先考虑联词消字定字，最后考虑在重码提示行中选择。

双音词特定技巧除略码外，则主要是考虑在重码提示行中选择。

三字以上字词的特定码，除略码外更多地依赖于动态造词。

2）熟练掌握文章中的略码、特定码、录入技巧等。

3）将文章按自然段（没有自然段的可人为分段）逐段熟练后，再从头到尾逐遍练习直至达到目标。

4. 熟文章练习^①

练习一（349字）

职业教育与普通教育是两种不同教育类型，具有同等重要地位。改革开放以来，职业教育为我国经济社会发展提供了有力的人才和智力支撑，现代职业教育体系框架全面建成，服务经济社会发展能力和社会吸引力不断增强，具备了基本实现现代化的诸多有利条件和良好工作基础。随着我国进入新的发展阶段，产业升级和经济结构调整不断加快，各行各业对技术技能人才的需求越来越紧迫，职业教育重要地位和作用越来越凸显。但是，与发达国家相比，与建设现代化经济体系、建设教育强国的要求相比，我国职业教育还存在体系建设不够完善、职业技能实训基地建设有待加强、制度标准不够健全、企业参与办学的动力不足、有利于技术技能人才成长的配套政策尚待完善、办学和人才培养质量水平参差不齐等问题，到了必须下大力气抓好的时候。没有职业教育现代化就没有教育现代化。

练习二（334字）

健全国家职业教育制度框架。把握好正确的改革方向，按照"管好两端、规范中间、书证融通、办学多元"的原则，严把教学标准和毕业学生质量标准两个关口。将标准化建设作为统领职业教育发展的突破口，完善职业教育体系，为服务现代制造业、现代服务业、现代农业发展和职业教育现代化提供制度保障与人才支持。建立健全学校设置、师资队伍、教学教材、信息化建设、安全设施等办学标准，引领职业教育服务发展、促进就业创业。落实好立德树人根本任务，健全德技并修、工学结合的育人机制，完善评价机制，规范人才培养全过程。深化产教融合、校企合作、育训结合，健全多元化办学格局，推动企业深度参与协同育人，扶持鼓励企业和社会力量参与举办各类职业教育。推进资历框架建设，探索实现学历证书和职业技能等级证书互通衔接。

练习三（328字）

完善学历教育与培训并重的现代职业教育体系，畅通技术技能人才成长渠道。制定中国技能大赛、全国职业院校技能大赛、世界技能大赛获奖选手等免试入学政策，探索长学制培养高端技术技能人才。服务军民融合发展，把军队相关的职业教育纳入国家职业教育大体系，共同做好面向现役军人的教育培训，支持其在服役期间取得多类职业技能等级证书，提升技术技能水平。落实好定向培养直招士官政策，推动地方院校与军队院校有效对接，推动优质职业教育资源向军事人才培养开放，建立军地网络教育资源共享机制。制订具体政策办法，支持适合的退役军人进入职业院校和普通本科高校接受教

---

① 国务院. 国务院关于印发国家职业教育改革实施方案的通知（国发〔2019〕4号）[EB/OL].（2019-02-13）[2021-11-15]. http://www.gov.cn/zhengce/content/2019-02/13/content_5365341.htm，节选。

育和培训，鼓励支持设立退役军人教育培训集团（联盟），推动退役、培训、就业有机衔接，为促进退役军人特别是退役士兵就业创业作出贡献。

练习四（348字）

支持组建国家职业教育指导咨询委员会。为把握正确的国家职业教育改革发展方向，创新我国职业教育改革发展模式，提出重大政策研究建议，参与起草、制订国家职业教育法律法规，开展重大改革调研，提供各种咨询意见，进一步提高政府决策科学化水平，规划并审议职业教育标准等，在政府指导下组建国家职业教育指导咨询委员会。成员包括政府人员、职业教育专家、行业企业专家、管理专家、职业教育研究人员、中华职业教育社等团体和社会各方面热心职业教育的人士。通过政府购买服务等方式，听取咨询机构提出的意见建议并鼓励社会和民间智库参与。政府可以委托国家职业教育指导咨询委员会作为第三方，对全国职业院校、普通高校、校企合作企业、培训评价组织的教育管理、教学质量、办学方式模式、师资培养、学生职业技能提升等情况，进行指导、考核、评估等。

练习五（367字）

加强党对职业教育工作的全面领导。以习近平新时代中国特色社会主义思想特别是习近平总书记关于职业教育的重要论述武装头脑、指导实践、推动工作。加强党对教育事业的全面领导，全面贯彻党的教育方针，落实中央教育工作领导小组各项要求，保证职业教育改革发展正确方向。要充分发挥党组织在职业院校的领导核心和政治核心作用，牢牢把握学校意识形态工作领导权，将党建工作与学校事业发展同部署、同落实、同考评。指导职业院校上好思想政治理论课，实施好中等职业学校"文明风采"活动，推进职业教育领域"三全育人"综合改革试点工作，使各类课程与思想政治理论课同向同行，努力实现职业技能和职业精神培养高度融合。加强基层党组织建设，有效发挥基层党组织的战斗堡垒作用和共产党员的先锋模范作用，带动学校工会、共青团等群团组织和学生会组织建设，汇聚每一位师生员工的积极性和主动性。

特别提醒

1）在进行熟文章训练时，如果现在的速度是50字/分，那么把训练目标定在200字/分就是不切实际的，这需要用很长时间才能达到，而且盲目定目标对速度的提高意义不大，反而导致效率低下。如果把目标定为100字/分，就比较容易实现。同时，尽可能多地掌握一些相同等级的熟文章，可以提升整体录入速度。

2）在训练时，可以把文章分为若干短小的段落，一段一段地进行练习，这样比整个文章一遍一遍地练习节约时间，效率更高，效果更好。

3）由于不同的训练目标和训练方法效率不同、效果也不同，因此应结合自身实际，咨询教师共同制定适合自己的熟文章训练方案。

知识链接

熟文章训练过程中的注意事项

1）要保证录入的准确性，减少手误。不要盲目追求速度，造成录入越快、错误越多的现象。

2）要在每次录入后对照正确文本进行核对，找出录入中的错误，并分析错误的原因，必要时有针对性地进行加强练习。

3）录入文章要一气呵成，不要在练习过程中边核对边录入。

4）在保证击键准确的前提下，尽量提高击键的频率，以保持连贯性。

5）以自主练习为主、测试为辅，不要过多地进行测试。

有的学生，为了达到速度要求，总是跟着文本 OK 软件进行练习，或总是跟着录音进行练习。跟着文本OK软件进行练习，只适合进行自我测试，看是否能达到相应的速度要求，而不适合进行常规的练习。

正确的做法是，自主练习一段时间（一般是 5～10 遍）后进行一次测试，以检验自己的水平。

【拓展训练】

结合教材介绍的熟文章选择的几个要素点，请学生分小组收集 2～3 篇适合做熟文章的短文，并将其中涉及的录入技巧及所有略码全部标记出来。

【学习评价】

填写学习评价表，如表 1-2-2 所示。

表 1-2-2　学习评价表

考核知识点	考核标准	分值	自评分	小组评分	综合得分
熟文章的选择	正确说出熟文章选择的几个要素点	25			
熟文章训练	正确说出熟文章训练的方法	25			
熟文章范文训练	熟文章范文训练是否能够达到本节的训练目标	50			
	总分	100			
	教师指导意见				

三、高速看打强化训练

经过连贯性看打训练及熟文章看打训练之后，学生对基础指法已经比较熟练，并掌握了不少录入技巧，录入速度也得到了进一步提高。但是，要把自己的速录潜力全部发挥出来，还必须进行高速看打强化训练。经过高速看打强化训练，可以使按键的频率和连贯性等得到稳定提高，从而在录入生文章时，能够流畅地进行高速录入。

【学习步骤】

掌握高速看打强化训练方法。

步骤1：选择高速看打强化训练材料。
步骤2：掌握高速看打强化训练的过程和方法。
步骤3：能够在确保准确率的基础上，完成高速看打强化训练。

1. 选择高速看打强化训练材料

高速看打强化训练的重点是巩固高速录入的状态，并不是为了熟练掌握更多的录入技巧。为了取得较好的训练效果，应选择难度不高、篇幅适当的材料来进行训练，基本要求如下。

1）文章类型宜选择政治类、经济类、教育类等。

2）文章长度不同，录入技巧个数也不同。例如，文章长度为200～300字的，录入技巧为4～5个（包含联词消字定字、单音特定字、须分开单击的、选词等）；文章长度为300～500字的，录入技巧小于8个；文章长度为500～600字的，录入技巧小于12个。

2. 高速看打强化训练的过程和方法

（1）生文章自由看打训练

1）训练前不要公布训练材料内容。

2）训练时可以逐段进行，中间不要出现长时间停顿，要求保持连贯性，尽量不出现击键错误，以保证准确率。

3）完成一段后，看一下录入中出错的地方，然后把文章中的特定码、略码及其他技巧都挑选出来，做到心中有数。

4）马上做第二遍看打训练，注意对第一遍训练中有问题的部分加以改正。

（2）高准确率看打训练

高准确率看打训练要求准确率达到99%～100%，基本上是一次上屏，尽量不要中途修改，这对于保证高准确率、降低击键差错是非常重要的。

1）按照"一次上屏准确"的原则，训练的重点是保证高准确率，不要强调速度。

2）注意文章中录入技巧的使用，注意以句为单位进行连贯的录入。

3）要求训练时只看原稿，不看屏幕，不停顿，不删改。

4）训练完毕后，进行核对检查，找出错误的地方和错误原因，并加以改正。

（3）计时看打训练

按照上述要求正式看打一遍训练材料，并记录录入的时间。

（4）限时看打训练

设定一个时间（如 1 分钟），训练开始时计时，努力在规定的时间内高质量地录入更多的内容。此训练可以由教师或其他人帮助报时间，给训练者一种紧张的压力，迫使头脑迅速反应，手指迅速运动，努力提高速度。

3．高速看打强化练习

下面是一篇训练材料，可用于进行高速看打强化训练。

关于在院校实施"学历证书+若干职业技能等级证书"制度试点方案

按照国务院印发的《国家职业教育改革实施方案》（简称"职教 20 条"）要求，经国务院职业教育工作部际联席会议研究通过，现就在院校实施"学历证书+若干职业技能等级证书"制度试点，制订以下工作方案。

一、总体要求

（一）指导思想和基本原则

以习近平新时代中国特色社会主义思想为指导，深入贯彻落实全国教育大会部署，完善职业教育和培训体系，按照高质量发展要求，坚持以学生为中心，深化复合型技术技能人才培养培训模式和评价模式改革，提高人才培养质量，畅通技术技能人才成长通道，拓展就业创业本领。

坚持政府引导、社会参与，育训结合、保障质量，管好两端、规范中间，试点先行、稳步推进的原则。加强政府统筹规划、政策支持、监督指导，引导社会力量积极参与职业教育与培训。落实职业院校学历教育和培训并举并重的法定职责，坚持学历教育与职业培训相结合，促进书证融通。严把证书标准和人才质量两个关口，规范培养培训过程。从试点做起，用改革的办法稳步推进，总结经验、完善机制、防控风险。

（二）目标任务

自 2019 年开始，重点围绕服务国家需要、市场需求、学生就业能力提升，从 10 个左右领域做起，启动 1+X 证书制度试点工作。落实"放管服"改革要求，以社会化机制招募职业教育培训评价组织（以下简称培训评价组织），开发若干职业技能等级标准和证书。有关院校将 1+X 证书制度试点与专业建设、课程建设、教师队伍建设等紧密结合，推进"1"和"X"的有机衔接，提升职业教育质量和学生就业能力。通过试点，深化教师、教材、教法"三教"改革；促进校企合作；建好用好实训基地；探索建设职业教育国家"学分银行"，构建国家资历框架。

二、试点内容

（一）培育培训评价组织

培训评价组织作为职业技能等级证书及标准的建设主体，对证书质量、声誉负总责，主要职责包括标准开发、教材和学习资源开发、考核站点建设、考核颁证等，并协助试点院校实施证书培训。按照在已成熟的品牌中遴选一批、在成长中的品牌中培育一批、在有关评价证书缺失的领域中规划准备一批的原则，面向实施职业技能水平评价相关工作的社会评价组织，以社会化机制公开招募并择优遴选参与试点。试点本着严格控制数量，扶优、扶大、扶强的原则逐步推开。地方有关部门、行业组织要热心支持培训评价组织建设和发展，不得违规收取或变相收取任何费用。

（二）开发职业技能等级证书

职业技能等级证书以社会需求、企业岗位（群）需求和职业技能等级标准为依据，对学习者职业技能进行综合评价，如实反映学习者职业技术能力，证书分为初级、中级、高级。培训评价组织按照相关规范，联合行业、企业和院校等，依据国家职业标准，借鉴国际国内先进标准，体现新技术、新工艺、新规范、新要求等，开发有关职业技能等级标准。国务院教育行政部门根据国家标准化工作要求设立有关技术组织，做好职业教育与培训标准化工作的顶层设计，创新标准建设机制，编制标准化工作指南，指导职业技能等级标准开发。试点实践中充分发挥培训评价组织的作用，鼓励其不断开发更科学、更符合社会实际需要的职业技能等级标准和证书。

（三）融入专业人才培养

院校是1+X证书制度试点的实施主体。中等职业学校、高等职业学校可结合初级、中级、高级职业技能等级开展培训评价工作，本科层次职业教育试点学校、应用型本科高校及国家开放大学可根据专业实际情况选择。试点院校要根据职业技能等级标准和专业教学标准要求，将证书培训内容有机融入专业人才培养方案，优化课程设置和教学内容，统筹教学组织与实施，深化教学方式方法改革，提高人才培养的灵活性、适应性、针对性。试点院校可以通过培训、评价使学生获得职业技能等级证书，也可探索将相关专业课程考试与职业技能等级考核统筹安排，同步考试（评价），获得学历证书相应学分和职业技能等级证书。深化校企合作，坚持工学结合，充分利用院校和企业场所、资源，与评价组织协同实施教学、培训。加强对有关领域校企合作项目与试点工作的统筹。

（四）实施高质量职业培训

试点院校要结合职业技能等级证书培训要求和相关专业建设，改善实训条件，盘活教学资源，提高培训能力，积极开展高质量培训。根据社会、市场和学生技能考证需要，对专业课程未涵盖的内容或需要特别强化的实训，组织开展专门培训。试点院校在面向本校学生开展培训的同时，积极为社会成员提供培训服务。社会成员自主选择证书类别、等级，在试点院校内、外进行培训。新入校园证书必须通过遴选渠道，已取消的职业资格证书不得再引入。教育行政部门、院校要建立健全进入院校内的各类证书的质量保障机制，杜绝乱培训、滥发证，保障学生权益，有关工作另行安排。

（五）严格职业技能等级考核与证书发放

培训评价组织负责职业技能等级考核与证书发放。考核内容要反映典型岗位（群）所需的职业素养、专业知识和职业技能，体现社会、市场、企业和学生个人发展需求。考核方式要灵活多样，强化对完成典型工作任务能力的考核。考核站点一般应设在符合条件的试点院校。要严格考核纪律，加强过程管理，推进考核工作科学化、标准化、规范化。要建立健全考核安全、保密制度，强化保障条件，加强考点（考场）和保密标准化建设。通过考核的学生和社会人员取得相应等级的职业技能等级证书。

（六）探索建立职业教育国家"学分银行"

国务院教育行政部门探索建立职业教育"学分银行"制度，研制相关规范，建设信息系统，对学历证书和职业技能等级证书所体现的学习成果进行登记和存储，计入个人学习账号，尝试学习成果的认定、积累与转换。学生和社会成员在按规定程序进入试点院校接受相关专业学历教育时，可按规定兑换学分，免修相应课程或模块，促进学历证书与职业技能等级证书互通。研究探索构建符合国情的国家资历框架。

（七）建立健全监督、管理与服务机制

建立职业技能等级证书和培训评价组织监督、管理与服务机制。建设培训评价组织遴选专家库和招募遴选管理办法。本着公正公平公开的原则进行公示公告。建立监督管理制度，教育行政部门和职业教育指导咨询委员会要加强对职业技能等级证书有关工作的指导，定期开展"双随机、一公开"的抽查和监督。对培训评价组织行为和院校培训质量进行监测和评估。培训评价组织的行为同时接受学校、社会、学生、家长等的监督评价。院校和学生自主选择X证书，同时加强引导，避免出现片面的"考证热"。

三、试点范围及进度安排

（一）试点范围

面向现代农业、先进制造业、现代服务业、战略性新兴产业等20个技能人才紧缺领域，率先从10个左右职业技能领域做起。省级教育行政部门根据有关要求对符合条件的申报院校进行备案。试点院校以高等职业学校、中等职业学校（不含技工学校）为主，本科层次职业教育试点学校、应用型本科高校及国家开放大学等积极参与，省级及以上示范（骨干、优质）高等职业学校和"中国特色高水平高职学校和专业建设计划"入选学校要发挥带头作用。

（二）进度安排

2019年首批启动五个领域试点，已确定的五个培训评价组织对接试点院校，并启动有关信息化平台建设；陆续启动其他领域试点工作。2020年下半年，做好试点工作阶段性总结，研究部署下一步工作。

四、组织实施

（一）明确组织分工

国务院教育行政部门负责做好1+X证书制度试点工作的整体规划、部署和宏观指导，对院校职业技能等级证书的实施工作负监督管理职责。国务院市场监督管理部门（国家标准化管理委员会）负责协调指导职业教育与培训标准化建设。各省级教育行政部门主要负责指导本区域1+X证书制度试点工作，会同省级有关部门研究制定支持激励教师参与试点工作的有关政策，将参与职业技能等级证书培训与考核相关工作列入教师和教学管理人员工作量范畴，帮助协调解决试点中出现的新情况、新问题。省级有关职能部门负责研究确定证书培训考核收费管理相关政策。试点院校党委要加强对试点工作的领导，按有关规定加大资源统筹调配力度。

（二）强化基础条件保障

各省（区、市）在政策、资金和项目等方面向参与实施试点的院校倾斜，支持学校教学实训资源与培训考核资源共建共享，推动学校建好用好学校自办、学校间联办、与企业合办、政府开办等各种类型的实训基地。要吸引社会投资进入职业教育培训领域。通过政府和社会资本合作（PPP 模式）等方式，积极支持社会资本参与实训基地建设和运营。产教融合实训基地和产教融合型企业要积极参与实施培训。

（三）加强师资队伍建设

各省（区、市）和试点院校要加强专兼结合的师资队伍建设，打造能够满足教学与培训需求的教学创新团队，促进教育培训质量全面提升。要将职业技能等级证书有关师资培训纳入职业院校教师素质提高计划项目。培训评价组织要组建来自行业企业、院校和研究机构的高素质专家队伍，面向试点院校定期开展师资培训和交流，提高教师实施教学、培训和考核评价能力。

（四）建立健全投入机制

中央财政建立奖补机制，通过相关转移支付对各省 1+X 证书制度试点工作予以奖补。各省（区、市）要加大资金投入，重点支持深化职业教育教学改革、加强技术技能人才培养培训等方面，并通过政府购买服务等方式支持开展职业技能等级证书培训和考核工作。参加职业技能等级证书考核的建档立卡等家庭经济困难学生免除有关考核费用。凡未纳入 1+X 证书制度试点范围的培训、评价、认证等，不享受试点有关经费支持。

（五）加强信息化管理与服务

建设 1+X 证书信息管理服务平台，开发集政策发布、过程监管、证书查询、监督评价等功能的权威性信息系统。参与 1+X 证书制度试点的学生，获取的职业技能等级证书都将进入服务平台，与职业教育国家学分银行个人学习账户系统对接，记录学分，并提供网络公开查询等社会化服务，便于用人单位识别和学生就业。运用大数据、云计算、移动互联网、人工智能等信息技术，提升证书考核、培训及管理水平，充分利用新技术平台，开展在线服务，提升学习者体验。

（资料来源：教育部等四部门. 教育部等四部门印发《关于在院校实施"学历证书+若干职业技能等级证书"制度试点方案》的通知[EB/OL]. （2019-04-04）[2021-11-15]. http://www.gov.cn/zhengce/zhengceku/2019-10/23/content_5443983.htm.）

知识链接

高速看打训练的注意事项

一、速度提升的基本规律

1. 量变产生质变

速度的提升（质变）离不开训练量的积累（量变），当训练量积累到足够的程度，速度自然就会迅速跃升到新的台阶。不断重复这个过程，就会不断地进行量变、质变，达到一个又一个新的高度。坚持不懈，是学会、练成、精通速录的不二法门。

2. 曲线上升

速度提升的发展路径不是直线上升的，而是曲线上升的。在提升期，可能每天都能看到明显的进步；在平台期，可能连续几周都看不到技能水平的变化；在调整期，成绩会忽上忽下，摇摆不定。

当技能稳定在一个水平线时，就会进入平台期；坚持练习，突破平台，就会进入调整期；完成调整，就会进入提升期，提升到一定阶段又会进入平台期。

这个过程会不断重复，所以上升的线条就呈现出曲线上升的形态，而不是直线上升的形态。学生只要坚持练习，就会逐步突破，不断达到更高的水平。

二、高速看打训练速度的构成要素

1. 指法

按照规范的指法，以最快速、最舒适的方式录入文字。

2. 录入方法

优先使用高效的录入方法，如在录入词语时：能定义，不略码；能略码，不直击；能直击，不选词。

词语按录入效率由高到低排序：自定义、高频后置、略码、直击词、选词。

单字按录入效率由高到低排序：XW特定字、单击字、联词消字定字、选字。

3. 击键频率

亚伟中文速录机采用双手并击，只须每秒击键2~3次，就能实现200~300字/分，学生只要坚持练习，就可以达到这一水平。

三、各要素的针对练习方法

1. 指法的练习

指法在于掌握和养成，要坚持严格按照规范的指法进行录入，可通过反复练习基础键位码，不断强化双手对所有键位的熟练程度。

2. 录入方法的练习

录入方法在于积累，两种积累方式如下。

1）通过生文章的练习，尽可能多地接触不同的字词，如果在五篇不同的文章中接触到同一个字词，每次都按同一个录入方法进行录入，就能记住并积累该字词的录入方法。

2）通过熟文章的练习，把一篇文章中出现的字词，按照最优的录入方法反复录入，直到熟练录入整篇文章，然后再换下一篇文章进行练习。每练习一篇文章，就积累了这篇文章中涉及的字词的录入方法。

四、讲求效率

1）速录训练除了必须刻苦努力外，更要讲求方式方法，从而提高效率。

2）速录训练应该"苦练+巧练"，用最短的时间，取得最好的训练效果。

3）在宏观上，要求学生善于动脑，减少练习的盲目性，提高训练的针对性。

4）要随时检查训练的效果，加强反馈，以便及时调整训练的内容和重点。

5）在具体的训练上，要善于分析，总结不同方法之间的优劣，寻找最适合自己的训练方法。

【拓展训练】

将高速看打强化训练的材料录制成音频，作为高速听打训练的材料。

按照预期达到的速度制作录音，由教师或小组成员高声快速地朗读。学生按照朗读的速度与节奏记录，一定要先听后录，不要抢先记录。训练时，随时准备记录基本上背诵下来的文字的同时，又不能超前。有时也会出现局部速度慢，而朗读速度相对快的情况，这就需要训练者加紧追赶。如果不能保证高速录入的准确率，就不能顺利完成训练。

【学习评价】

填写学习评价表，如表 1-2-3 所示。

表 1-2-3　学习评价表

考核知识点	考核标准	分值	自评分	小组评分	综合得分
高速看打强化训练材料的选择	正确说出选择高速看打强化训练材料的基本要求	30			
高速看打强化训练的过程和方法	正确说出高速看打强化训练的过程和方法	35			
进行高速看打强化训练	能够在确保准确率的基础上，完成高速看打强化训练	35			
总分		100			
教师指导意见					

综合训练二

请将下面这篇《职业院校全面开展职业培训　促进就业创业行动计划》文章进行分段看打练习，要求如下。

1）找出文章中的录入技巧并适当练习。

2）以段为单位，反复看打录入。

3）记录每一次的完成时间，并计算录入速度。

职业院校全面开展职业培训　促进就业创业行动计划

实施学历教育与培训并举是职业院校（含技工院校，下同）的法定职责。职业院校面向全体劳动者广泛开展职业培训，既有利于支持和促进就业创业，也有利于学校提升人才培养质量和办学能力，是深化职业教育改革发展的重要内容。当前，职业院校开展学历教育和培训"一条腿长一条腿短"的现象普遍存在，面向社会开展培训还存在学校和教师的主动性不高、课程及资源不足、针对性和适用性不够、教师实践教学能力不强等问题，仍然是职业教育发展的薄弱环节。为深入贯彻全国教育大会精神，落实《国家职业教育改革实施方案》《国务院办公厅关于印发职业技能提升行动方案（2019—2021年）的通知》要求，推动职业院校全面开展职业培训，提高劳动者素质和职业技能水平，提升职业教育服务发展、促进就业创业能力，特制定本行动计划。

一、总体要求

（一）指导思想。以习近平新时代中国特色社会主义思想为指导，全面贯彻党的十九大精神，认真落实党中央、国务院决策部署，充分发挥职业教育资源优势，以健全政行企校多方协同的培训机制为突破口，增强院校和教师主动性，调动参训人员积极性，面向全体劳动者特别是重点人群及技术技能人才紧缺领域开展大规模、高质量的职业培训，加快形成学历教育与培训并举并重的办学格局，为实现更高质量和更充分就业提供有力支持。

（二）基本原则。坚持注重实效，促进就业。围绕服务稳定和扩大就业，紧贴区域、行业企业和个人发展的实际需求，保障培训的针对性和实用性。坚持扩大规模，提升质量。支持职业院校敞开校门，面向社会广泛开展培训，推动学历教育与培训相互融合、相互促进。坚持统筹资源，协同推进。加强部门之间统筹协同、产教之间融合联动，形成共同推进职业培训工作合力。坚持完善机制，激发动力。健全培训激励和保障制度，创造更加规范和更有吸引力的培训环境。

（三）行动目标。到 2022 年，职业院校面向社会广泛开展职业培训，培训理念更加先进，培训层次更加完善，培训课程资源更加丰富，培训类型与形式更加多样；政府引导、行业参与、校企合作的多方协同培训机制基本建立，培训能力和服务就业创业能力显著增强；职业院校成为开展职业培训的重要阵地，学历教育与培训并举并重的职业教育办学格局基本形成。具体目标：

1. 职业院校年承担补贴性培训达到较大规模；开展各类职业培训年均达到 5000 万人次以上。

2. 重点培育一批校企深度合作共建的高水平实训基地、创业孵化器和企业大学。

3. 建设一大批面向重点人群、学习内容和形式灵活多样的培训资源库，开发遴选一大批重点领域的典型培训项目，培养一大批能够同时承担学历教育和培训任务的教师，适应"双岗"需要的教师占专业课教师总数 60%。

二、行动措施

（一）广泛开展企业职工技能培训。推动职业院校联合行业企业面向人工智能、大数据、云计算、物联网、工业互联网、建筑新技术应用、智能建筑、智慧城市等领域，大力开展新技术技能培训。通过开展现代学徒制、职业技能竞赛、在线学习等方式，促进企业职工岗位技术技能水平提升。鼓励职业院校联合行业组织、大型企业组建职工培训集团，发挥各方资源优势，共同开展补贴性培训、中小微企业职工培训和市场化社会培训。支持职业院校与企业合作共建企业大学、职工培训中心、继续教育基地。结合学校专业优势，以岗位技术规范为标准，以技术和知识更新调整为重点，加大对困难企业职工转岗转业培训力度。支持职业院校服务中国企业"走出去"，积极开展涉外培训。

（二）积极开展面向重点人群的就业创业培训。鼓励职业院校积极开发面向高校毕业生、退役军人、农民工、去产能分流职工、建档立卡贫困劳动力、残疾人等重点人群的就业创业培训项目。支持职业院校承担春潮行动、雨露计划、求学圆梦计划等政府组织的和工青妇等群团组织开展的培训任务。支持职业院校与行业企业合作开设大学生、退役军人就业技能训练班，开展先进制造业、战略性新兴产业、现代服务业及人才紧缺领域的技术技能培训。加强适应残疾人特点的民间工艺、医疗按摩等领域培训。鼓励涉农职业院校送培训下乡，把技术技能送到田间地头和养殖农牧场，深入开展技能扶贫，服务脱贫攻坚和乡村振兴，大力培育高素质农民和农村实用人才。支持职业院校开发具有专业特色的创业课程，建设创业孵化器，对自谋职业和具有创业意向的参训人员进行创业意识、创业知识、创业能力等方面的培训。

（三）大力开展失业人员再就业培训。支持职业院校对接当地人力资源社会保障部门及工青妇等群团组织，面向长期失业青年、农村留守妇女、大龄失业人员等，开发周期短、需求大、易就业的培训项目。职业院校要大力开展家政、养老、护工、育婴、电商、快递、手工等领域初级技能培训，使失业人员掌握一技之长。支持职业院校承担中帼家政服务培训任务。要突出帮、教、扶等特点，积极联系合作企业，择优推荐工作，提供培训就业一体化服务，努力实现培训即招工、培训即就业。

（四）做好职业指导和就业服务。职业院校要引导参训人员增强市场就业意识，帮助其树立正确的职业观、择业观和创业观。加强就业有关法律法规、职业道德、职业素养、求职技巧等方面的教育。对农村和边远地区、少数民族地区的大龄参训人员，要增加普通话、常用现代化设施（工具、软件）运用等基本技能方面的培训。职业院校要密切与人力资源服务机构、行业企业的合作，共同开展招聘会、就业创业指导、政策宣传等多样化就业服务，为参训人员提供有效的就业信息。

（五）推进培训资源建设和模式改革。职业院校要深入开展培训需求调研，提升培训项目设计开发能力，增强培训项目设计的针对性。积极会同行业企业建设一批培训资源开发中心，面向重点人群、新技术、新领域等开发一批重点培训项目，共同研究制订培训方案、培训标准、课程标准等，开发分级分类的培训课程资源包。积极开发微课、慕课、VR（虚拟现实技术）等数字化培训资源，完善专业教学资源库，进一步扩大优质资源覆盖面。要加强大数据技术的应用，多渠道整合培训资源，鼓励共建共享。突出"短平快"等特点，探索推行"互联网+培训"模式，通过智慧课堂、移动App（应用程序）、线上线下相结合等，开展碎片化、灵活性、实时性培训。鼓励职业院校通过"企业学区""移动教室""大篷车""小马扎"等方式，把培训送到车间和群众家门口。

（六）加强培训师资队伍建设。落实好职业院校教师定期到企业实践制度，鼓励教师参与企业培训、技术研发等活动，提升实践教学能力。充分利用学校实习实训基地、产教融合型企业等，对专业教师进行针对性培训，培养一大批适应"双岗"需要的教师，使教师能驾驭学校、企业"两个讲台"。健全职业院校自主聘任企业兼职教师制度。鼓励职业院校聘请劳动模范、能工巧匠、企业技术人才、高技能人才等担任兼职教师，承担培训任务。完善教师工作绩效考核办法，将培训服务课时量和培训成效等作为教师工作绩效考核的重要内容。

（七）支持多方合作共建培训实训基地。支持职业院校在现有实训基地基础上，建设一批标准化培训实训基地。产教融合型企业要加大对培训实训基地建设支持力度，并积极承担各类培训项目。按照培训项目与产业需求对接、培训内容与职业标准（评价规范）对接、培训过程与生产过程对接的要求，支持校企合作建设一批集实践教学、社会培训、真实生产和技术服务于一体的高水平就业创业实训基地。各地教育行政部门、人力资源社会保障部门要推动当地公共实训基地面向职业院校和城乡各类劳动者提供技能训练、技能鉴定、创业孵化、师资培训等服务。

（八）完善职业院校开展培训的激励政策。支持职业院校开展补贴性培训。推动职业院校培训量计算标准化、规范化，可按一定比例折算成全日制学生培养工作量，与绩效工资总量增长挂钩。各级人力资源社会保障、财政部门要充分考虑职业院校承担培训任务情况，合理核定绩效工资总量和水平。对承担任务较重的职业院校，在原总量基础上及时核增所需绩效工资总量。指导职业院校按规定的程序和办法搞活内部分配，在内部分配时向承担培训任务的一线教师倾斜。允许职业院校将一定比例的培训收入纳入学校公用经费。鼓励支持职业院校按同类专业（群）组建培训联合体，互聘教师开展培训。

（九）健全参训人员的支持鼓励政策。全面落实职业培训补贴、生活费补贴政策，确保符合条件的参训人员应享尽享。加快推进"学历证书+若干职业技能等级证书"（简称1+X证书）制度试点工作，鼓励参训人员获取职业技能等级证书和职业资格证书。依托职业教育国家"学分银行"试点，对职业技能等级证书等所体现的培训成果进行登记和储存，计入个人学习账号，为学习成果认定、积累与转换奠定基础。鼓励符合条件的参训人员接受学历教育，培训成果按规定兑换学分，免修相应课程。职业院校要实施精准培训，切实提高参训人员的就业创业能力，帮助其用好就业创业支持政策。

（十）建立培训评价与考核机制。以参训人员的技术技能水平、就业创业能力和质量等为核心，建立培训绩效考核体系。将面向社会开展培训情况作为职业院校办学能力考核评价的重要指标和职业教育项目安排的重要依据。各地要结合实际对落实本行动计划积极主动、面向社会开展培训成效明显的职业院校，在安排职业教育财政补助及有关基础设施建设资金、遴选相关试点项目方面，给予倾斜支持。完善职业院校培训工作标准体系和管理制度，对职业院校开展培训工作进行评估和督导，落实督导报告、公报、约谈、限期整改、奖惩等制度。

三、行动要求

（一）加强组织领导。各地教育、人力资源社会保障、发展改革、工业和信息化、财政、住房城乡建设、农业农村、退役军人、国资委、扶贫、工会、共青团、妇联、残联等部门要加强沟通协作，积极支持职业院校承担本部门（行业）及相关领域的培训项目，共同帮助职业院校协调解决开展培训工作中遇到的实际困难和问题。各地教育行政部门、职业院校要高度重视培训工作，切实将职业培训摆在与学历教育同等重要的地位。职业院校要把开展培训工作作为一把手工程，成立专门负责培训的机构，配备专人负责。开展1+X证书制度试点的院校要发挥示范引领作用，主动承担有关培训任务。

（二）强化实施管理。各地要根据本行动计划内容，结合实际制定好落实方案、年度计划，逐级分解任务、明确目标、落实责任，确定时间表和任务书。各地教育行政部门要会同有关部门加强对本地区职业院校开展培训工作的日常指导、检查与跟踪。各行业职业教育教学指导委员会要推动行业部门、行业组织引导和督促相关企业参与行动计划的实施。建立行动计划进展情况上报制度，各地要分行业领域、分培训对象做好培训数据整理汇总工作，定期将本地区职业院校开展培训工作进展情况报送教育部。教育部将汇总整理各地落实方案和年度计划、进展情况，组织编制职业院校开展职业培训情况年度报告，定期向社会发布，同时做好监督管理、检查指导工作。

（三）注重宣传引导。各地和各职业院校要加大对培训工作的宣传力度，通过职业教育活动周、全民终身学习活动周等，面向城乡各类劳动者加大对培训有关政策、项目的宣传力度，帮助企业、劳动者了解熟悉政策，用足用好政策。要积极运用各种媒体，广泛宣传介绍职业院校开展的各类培训项目，特别要加强对重点人群的宣传。要扎实做好职业院校开展职业培训的经验和典型的总结推广工作。

（资料来源：教育部办公厅，等. 教育部办公厅等十四部门关于印发《职业院校全面开展职业培训 促进就业创业行动计划》的通知[EB/OL].（2019-11-18）[2021-11-15]. http://www.moe.gov.cn/srcsite/A07/zcs_zhgg/201911/t20191118_408707.html.）

任务三　辅助速录训练

【学习目标】

1）掌握会议速录任务中的信息校核工作内容。
2）掌握现场速录辅助工作内容。
3）掌握与客户沟通的技巧。

一、信息校核

会议速录任务的准备工作包括会前及会场两个部分，具体到内容上，信息校核工作又是必不可少的重要部分。

【学习步骤】

掌握会议速录任务中的信息校核工作内容。

步骤1：根据教材了解信息校核工作的内容。
步骤2：结合理论模拟或者去真实会场进行实践。

（一）会前信息校核

1）会议开始前，必须核对的会议信息包括：会议时间、会议地点、会议主题、出席人、是否有领导到场、有何要求等。

2）有会议资料的，须提前阅读熟悉，将必要的高频词汇及人名等进行相关速录设置操作，如造词、自定义或提前放置在快捷键栏中等，最后再次核对相关设置及文字的正确性。

3）会前明确会议主题后，可通过网络查询与会议主题相关的内容，从而更充分地为会议记录相关词汇内容做准备。

（二）会场信息校核

1）到达会场后须再次确认会前沟通的相关情况和要求，以确保记录工作万无一失。

2）到达会场后须抄录参会嘉宾或发言人名单：以速录师所坐位置的视角抄写名单。抄录完成后须再次对名单进行核对，检查有无漏抄、错抄的名字。

3）会议正式开始几分钟前，应对参会人员的名单进行第二次核对，确认是否有座次变动，以便及时更改。

> **知识链接**
>
> ### 会议现场抄录名单图部分示例
>
> 以速录师所坐位置的视角抄写名单。
>
> 1）发言人一排坐的示例，如图 1-3-1 所示。
>
> | 赵某 | 钱某 | 孙某 | 李某 | 周某 |
>
> 速录席
>
> 图 1-3-1　发言人一排坐名单抄录图
>
> 2）发言人围圈坐的示例，如图 1-3-2 所示。
>
> 速录席
>
> 孙某　李某
> 钱某
> 赵某　周某
> 秦某　吴某
> 朱某　郑某
> 王某
>
> 图 1-3-2　发言人围圈坐名单抄录图
>
> 3）发言人分两排，面对面坐的示例，如图 1-3-3 所示。
>
> | 赵某 | 钱某 | 孙某 | 李某 | 周某 |
> | 秦某 | 朱某 | 王某 | 郑某 | 吴某 |
>
> 速录席
>
> 图 1-3-3　发言人面对面坐名单抄录图

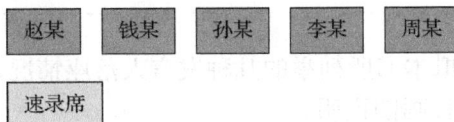

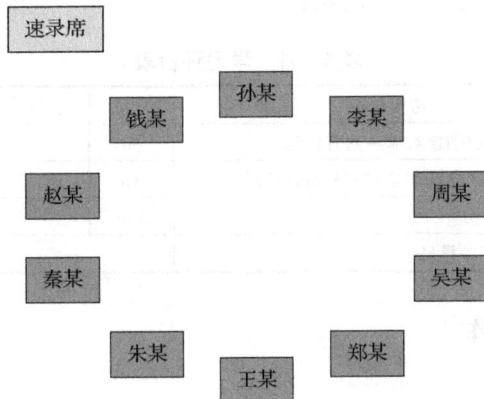

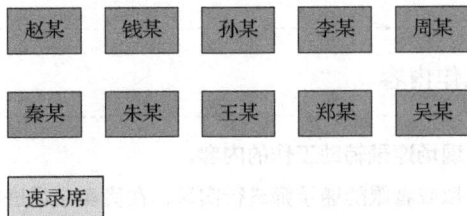

4）发言人分别上发言台讲话。

如果发言人分别上发言台讲话，则无须抄录桌签。此种情况，主席台或领导席位上也会有桌签摆放，保险起见也可提前抄录好，以备使用。

特别提醒

巧用特征标记法：当发言人较多时，待参会人员坐下后，观察现场具体情况，根据每个人的体貌、衣服颜色等采用特征标记法进行区分。例如，若女性参会者少，就在座次的人名旁边标上"（女）"；又如，若戴眼镜的人少，则可以在人名后做标记。这样，参会人员发言时就更容易确认位置。

【拓展训练】

请学生进行分组，模拟本书所列举的几种发言人落座情况，并在小组中讨论还有哪些其他的落座方式，并进行画图说明。

【学习评价】

填写学习评价表，如表 1-3-1 所示。

表 1-3-1　学习评价表

考核知识点	考核标准	分值	自评分	小组评分	综合得分
会前信息校核	正确说出会前须核对哪些内容信息	50			
会场信息校核	正确说出到达会场须核对哪些内容信息	50			
总分		100			
教师指导意见					

二、现场速录辅助工作

速录师现场记录除单人记录外，在一些重大、重要会议场合也经常安排双人记录，即一名速录师负责速录（主打速录师），另一名速录师负责校对和整理（辅打速录师）。

【学习步骤】

掌握现场速录辅助工作内容。

步骤 1：根据教材了解现场速录辅助工作的内容。
步骤 2：结合理论，模拟或者跟随速录师进行实习，在真实会场进行实践。

（一）辅助速录设备组合形式

1. 速录机+标准键盘

主打速录师操作速录机进行速录，辅打速录师操作计算机的标准键盘和鼠标进行校对和整理，主要是修改同音字、删除多余的字、对数字进行校对等。

2. 速录机+速录机

辅打速录师与主打速录师各用一台速录机同时工作，辅打速录师可以同时进行校对和整理，两台速录机分别以"添加"和"插入"状态同时工作，不会相互影响。

（二）会中辅助主打速录师进行资料查询

1）辅打速录师接收主打速录师授意，准确快速地翻找会议相关资料，找到对应所需文字部分，供主打速录师进行更高效的录入。

2）辅打速录师发现主打速录师个别词反复出现而做标记或只录入同音词，在时间允许的情况下进行快速查询（翻阅会议资料或借助网络），必要时做造词等处理，以供主打速录师后续录入直接使用所造词。

（三）会中突发情况处理

1）当遇到讲话人麦克风未开启、无声或音响设备等问题时，辅打速录师应快速做出反应，开启麦克风或联系会场相关负责人解决。

2）由于会场人员较多，难免会出现语音伴侣的线被踩到等情况，会导致无法正常收录现场声音。此时，辅打速录师应快速将设备重新整理固定。

3）如果会议进行中遇到某些特殊情况，导致语音伴侣设备中途无法正常收录声音，则需要辅打速录师立即启用录音备份设备（录音笔或手机等）。

知识链接

无线连接状态下的双机操作设备调试

1）计算机设置。将无线接收器与计算机 USB 接口连接。

2）无线接收器通道设置。在计算机"开始"→"亚伟中文速录机"目录下找到"速录机无线通道设置"，从左侧"0～39"中任意选择一个数字，单击"设置通道号"，确认右侧出现与选择数字相同的数字后，关闭该窗口即可。

3）两台速录机通道号设置。主打和辅打速录机全部要调整为与计算机设置通道号一致，方可使计算机正常无线接收两台速录机记录的内容。

① 快速敲击两侧长键4次，进入主菜单界面，选择"通讯口"选项。（如图1-3-4所示，XNA:I/U/W/8上下左右移动光标；XNA:G确定进入。）

② "频道"即为通道号，设置为与计算机通道号一致的数字即可。（如图1-3-5所示，单击"+/-"或者"XN:Y"改变数值。）

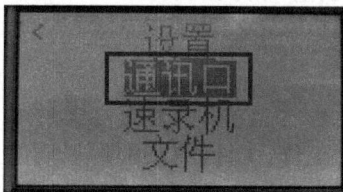

图1-3-4 YW-Ⅶ速录机主菜单   图1-3-5 YW-Ⅶ速录机通讯口菜单—频道

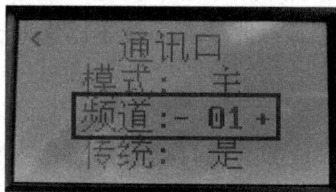

③ 两台速录机"主""从"模式设置：主打速录师的速录机模式应为"主"，辅打速录师的速录机模式应为"从"。

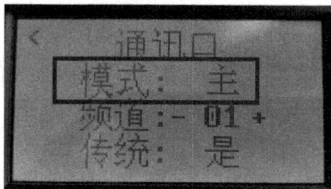

在"通讯口"菜单下，选择"模式"更改"主/从"。（如图1-3-6所示，XNA:G或触屏进行主/从更改。）

设置完成，直接返回即可。（XNA:O/:O返回。）

图1-3-6 YW-Ⅶ速录机通讯口菜单—模式

特别提醒

1）有线双机操作是将两台速录机数据线USB接口与计算机连接，其他调试步骤与无线连接一致。

2）速录师在出发前应检查好设备，并随身携带软件安装程序。

【拓展训练】

请小组成员模拟现场会议发言，另外两名学生负责一校一打，主要观察会前设备是否调试正确，会中辅助校对记录学生能否帮助主打学生完成相关词汇的词库校对或造词等相关操作。面对一些突发状况是否可以做出正确的应对措施。最后请学生总结辅助速录过程中的注意事项并进行分享。

【学习评价】

填写学习评价表，如表1-3-2所示。

表 1-3-2　学习评价表

考核知识点	考核标准	分值	自评分	小组评分	综合得分
会中资料查询	正确说出会中哪些情况需要快速帮助主打速录师查询资料	25			
会中突发情况处理	正确说出会中会出现哪些突发情况及应对方法	25			
双机操作设备连接及调试	能够正确连接和调试速录机+键盘的双机操作	25			
	能够正确连接和调试速录机+速录机的双机操作	25			
总分		100			
教师指导意见					

三、正确与客户进行服务沟通

任何工作都不是靠一个人来完成的，速录工作也是如此，需要有前期充分的准备，需要有娴熟的技能，需要对发言者有更多的了解。更重要的是，要了解会议举办者的真正意图，这样才能使自己的工作更有效率。如果想把事情做完美，则需要正确有效的沟通。

【学习步骤】

掌握与客户的正确沟通技巧。

步骤 1：模拟会议中可能出现的问题，并进行沟通解决。

步骤 2：与成熟速录师进行现场会议速录实习，观察他们的服务情况。

（一）会前了解服务需求

1. 与客户进行会前基础沟通

与客户确认会议时间、会议地点、会议主题，并说明速录席位安排的注意事项。向客户索要会议相关资料（如会议主题、会议日程等）。

2. 与客户确认会议记录过程

在与客户确认会议记录过程中，速录设备型号（普通机型、弱音机、无声机）的选择主要根据客户方对速录设备键盘敲击声大小的要求及收费标准而定。

3. 与客户确认会议记录形式

与客户确认会议记录形式（如投影展示、直播等），然后根据会议记录形式确定速录师人员安排，以便达到最好的服务效果。

4. 与客户确认会议结束后提交稿件时效

会议结束后提交稿件时效，一般有以下几种情况：①只提交初稿（质量不高，仅供客户方简单参考）；②先提交初稿，规定 1~2 天再提交校对后稿件；③现场提交成稿。

5. 与客户确认记录方式

与客户确认记录方式，一般有以下几种情况：①逐字逐句记录，与发言人完全一致；②可简单编辑记录原意，保持语句通顺，无语病；③记录重点，涵盖主旨内容即可。

6. 与客户确认会议服务内容是否保密

对于保密会议记录，一般有以下几种情况：①会议服务前签订保密协议；②若不允许录音录像，则不允许使用相关速录录音设备；③允许使用速录录音设备完成记录，但是会议结束后须在会议方工作人员监督下将备份的所有文件删除后才可离开。

对于一般性会议，出于职业素养，在未经客户允许的情况下不可外传会议记录内容，且一般为客户保留会议记录文件 15 天左右，为客户方留存文件以紧急备用。

（二）会议现场突发情况的处理与沟通

1. 速录师设备出现问题的处理与沟通

一般比较重要的会议，备份设备（速录机、笔记本电脑、录音设备等）是必需的，且需要随身携带 U 盘以复制速录软件安装程序。

1）当计算机硬件出现问题时，可启用备份设备；当无备份设备的情况下，应紧急与客户沟通是否可以借用一台计算机，还须在新设备上安装速录程序。

当计算机出现问题时，如果是单人速录师记录，应先保证录音完整。当解决好计算机问题后，继续进行记录。当会议结束后，再根据录音情况将设备出现问题期间未记录的部分进行补充。根据遗漏未记录的具体时长，判断补充完整所需的时间，与客户沟通协商交稿的具体时间。

如果是双人速录师记录，作为辅打速录师应负责与客户进行沟通及更换设备等一系列操作。主打速录师在设备出现问题后，应及时调整速录机为内部存储状态，将记录内容实时保存在速录机内。待设备调整好后，再开始正常记录。会议结束后，将存储在速录机内的部分上传至计算机，再将文字内容做最后的调整，完成成稿提交客户。

2）当速录机出现问题时，启用备份设备；在无备份设备的情况下，应紧急与客户沟通是否可以先保证录音，会后再做录音整理，整理所需时长与客户沟通确认好；如果情况允许，请同事帮忙再送一台设备过来，这样可防止会议过长，会后整理时间太长，影响客户稿件的及时使用。

3）当速录软件出现问题，且在会中出现问题时，如果通过重新启动计算机或软件可以解决，则在会后应快速找到软件出问题前系统自动备份的录入文件进行拼接调整；

如果无法通过重启软件解决问题，则解决方法是更换计算机。

2. 客户方设备出现问题的处理与沟通

1）麦克风或音响出现问题。如果麦克风或音响突然失声，无法听到发言人声音或声音太小，则应紧急与客户方相关负责人进行沟通，让所有人声音尽量大一些，或挪动速录席位，同时让相关人员尽快维修调试设备。会后就设备故障阶段文字记录的准确性、完整度与客户进行沟通说明，以达到让客户最满意的状态。

2）网络问题。在直播或网络会议时，若遇到网络不好，导致卡顿等现象时，速录师首先要保证录音尽可能完整，记录文字内容尽可能完整，然后及时联系相关工作人员采取措施。例如，直播文字内容可先通过 U 盘复制的方式，逐段从速录师转移到编辑后再进行发布。如果是网络会议，则应根据当时具体情况及客户方配合等，尽量将卡顿时文字内容整理完整。

3. 客户服务需求变更问题的处理与沟通

当客户提出增加额外的服务或要求完成合同约定范围以外的工作时，应该本着让用户各方满意、维护良好的客户服务关系的原则，根据实际情况进行简单协商，有条件做到的尽量去做，并做好客户满意度调查记录，以便今后更好地提供服务。

知识链接

让我们满意的服务

一般来说，好的服务体验及合乎法规与准则要求的服务结果，是判断服务质量优质与否的主要参考项。优质服务不但体现在业务经办的操作上，也体现在对服务对象的沟通态度上，即要尊重服务对象的主观感受。影响服务对象主观感受的因素有性别、性格、社会地位、教育背景、身份职业、文化习俗等。

优质服务可以根据服务体验与要求的差别，进一步细分为满意度服务、舒适度服务、惬意度服务。不同层级的服务，对服务的要求不同。

1. 满意度服务

满意度服务要求能够满足服务对象提出的要求，以服务对象的合理要求基本满足、不产生或增加新的负面情绪为基本要求。

2. 舒适度服务

舒适度服务是在满足服务对象要求的基础上，从多方面使服务更臻完善，以最小化服务对象的负面情绪，并获得服务对象一定好评为基本要求。

3. 惬意度服务

惬意度服务是从服务对象的角度和利益出发，既能满足服务对象的服务需求，又能考虑服务对象未考虑到的当下需求和将来需求，并有预见性地提供相应的服务，以赢得服务对象的信赖、忠诚度和高度评价为基本要求。

【拓展训练】

请小组成员模拟速录师与客户就会前服务需求进行沟通，并模拟会议现场各突发情况出现后，速录师与客户的沟通方式和对话内容。

【学习评价】

填写学习评价表，如表 1-3-3 所示。

表 1-3-3　学习评价表

考核知识点	考核标准	分值	自评分	小组评分	综合得分
会前沟通	正确说出会前都需要了解哪些服务需求	25			
	详细描述会前需要了解的某一项具体服务需求	25			
会议现场突发情况沟通	正确说出会议现场可能会出现的几种突发情况	25			
	正确说出各种突发情况下的解决方法	25			
总分		100			
教师指导意见					

综合训练三

下面这篇文章是《教育部办公厅　国家发展改革委办公厅　财政部办公厅关于推进 1+X 证书制度试点工作的指导意见》，请按以下要求进行综合训练。

1）连贯性高速看打，不停顿，不修改。

2）用速录机自行整理校对，再与原文对照。

3）按公文格式规范排版。

教育部办公厅　国家发展改革委办公厅　财政部办公厅关于推进
1+X 证书制度试点工作的指导意见

一、健全协同推进机制

（一）健全工作机构

各省级教育行政部门要切实把 1+X 证书制度试点工作作为深化职业教育改革、提高人才培养质量、拓展就业本领的重要抓手，加大统筹推进力度。在省级教研机构或区域牵头职业院校或专家组织等，建立试点工作指导协调机构，明确专人与各职业教育培训评价组织（简称培训评价组织）对接，对应协调不同证书的实施工作，指导本省（区、市）试点院校开展有关工作，协调解决有关困难问题，配合省级教育行政部门整体推进本省（区、市）试点工作。试点院校建立由主要负责人牵头的工作机构，统筹推进本校试点工作，并明确具体工作联系人，对接本省（区、市）试点工作指导协调机构。

（二）加强沟通对接

培训评价组织要加强与省级教育行政部门或省级试点工作指导协调机构的联系，在有关省域内组织开展标准宣贯、师资培训、考核等试点相关工作，以及大范围涉及有关省域内院校参与的会议、活动时，应提前与省级教育行政部门沟通并备案。省级教育行政部门组织开展与试点有关的研讨会、师资培训等，应积极邀请有关培训评价组织参与，有关培训评价组织应主动配合参加。

（三）实行工作动态定期报送制度

各省级教育行政部门、试点院校、培训评价组织要认真落实好试点工作动态定期报送制度，及时、准确报送工作进展，总结工作经验，汇聚典型案例，反映有关困难问题，提出政策建议等。通过职业技能等级证书信息管理服务平台填报系统，对试点院校及参与学生规模进行动态管理。

二、保障有序开展有关师资培训

（一）依托有关师资项目做好 1+X 证书制度试点师资培训

各省级教育行政部门要将职业技能等级证书有关师资培训纳入职业院校教师素质提高计划项目，对接陆续发布的职业技能等级证书和标准，结合 2019 年项目实施，统筹各方资源，及时调整培训计划、培训内容，积极开展 1+X 证书制度试点师资培训工作。从 2020 年起，发挥国家和地方教育行政部门师资培训项目的主渠道作用，将 1+X 证书制度试点师资培训纳入职业院校教师相关培训规划中。结合教师教学创新团队、"国家工匠之师"创新团队境外培训计划等项目，发挥引领作用，培育"种子"师资。培训评价组织要主动配合、优先保障国家和地方教育行政部门组织的 1+X 证书制度试点师资培训项目，积极参与培训方案设计和组织实施，根据各地实际需要委派授课专家，专家相关费用应严格执行国家和地方有关标准。

（二）规范培训评价组织有关师资培训行为

培训评价组织开展的 1+X 证书制度试点有关培训、研讨等，是国家和地方有关师资培训项目的有益补充。培训评价组织要坚持公益性原则，把社会效益放在首位，依法依规制订有关培训方案及收费标准，并提前公示公告，接受各方监督，试点院校结合实际自愿参加。不得以任何理由强制教师参加收费性培训。面向院校的师资培训和考评员培训有关收费标准参考国家和地方关于教师培训的规定，结合实际合理确定，不得另立名目额外收取培训师、考评员考核认证等其他费用。有关培训应采取线上线下相结合的方式，主要依托职业院校开展，充分利用职业院校现有资源，动员社会力量支持，精打细算，节约开支。培训评价组织要做好规划和管理，加强培训团队建设，严格培训师资质审核，来自行业企业的专家比例不少于 40%，切实保障培训质量。

（三）鼓励教师积极承担证书培训任务

地方教育行政部门要加强与当地有关部门的沟通协作，支持职业院校用好本校组织实施职业技能等级证书培训的资源，参与职业技能提升行动，积极承担补贴性培训，扩大面向职工、就业重点群体和贫困劳动力的培训规模。培训评价组织在参与实施院校内1+X 证书制度试点的同时，自主面向社会人员开展职业技能等级评价。试点院校可将教师额外承担的职业技能等级证书培训工作量，按一定比例折算成全日制学生培养工作量，纳入绩效工资分配因素范围；在内部绩效工资分配时向承担证书培训任务的一线教师倾斜。试点院校间可按证书类别组建培训联合体，互聘教师开展培训。

（四）建设并及时提供高质量培训资源

1+X 证书制度试点是职业教育教学模式改革和评价模式改革的重要举措，面向学生开展的 X 证书培训，要与推进教师、教材、教法改革结合起来，由学校统筹用好有关资源和项目，结合教学组织实施。培训评价组织要整合优质资源，持续优化职业技能等级证书标准，按有关规定开发、完善职业技能等级证书培训教材，教材应由具备资质的出版单位正式出版，征订工作通过正规渠道开展，保障学生培训用书。要及时提供并适时更新案例库、习题库等线上配套资源，广泛免费共享，满足试点院校工作需要，确需有偿提供的，应本着公益性原则，严格控制成本，不得额外增加学生负担。

三、规范考核颁证

（一）完善考核评价体系

培训评价组织应建立模拟考核平台，发布考核方案，为院校学生参与考核提供支撑服务。培训评价组织提出对考核站点的有关条件要求并向社会公布，试点院校对照条件自主申报，培训评价组织与省级教育行政部门充分沟通，结合区域实际，协商确定考核站点，并在省级教育行政部门及有关平台备案。考核站点设置应综合考虑省内有关院校和专业布局，逐步覆盖更多试点院校，原则上有试点院校的地级市至少设置一个相关证书考核站点，为学生就近参加考核提供便利。

各地要统筹利用各种类型的实训基地，支持考核站点建设。培训评价组织要加强自身管理，不得以培训、考核、授牌等任何名义直接或变相要求试点院校购置指定品牌的设备设施、软件系统、课程资源及相关服务。

（二）加强证书考核成本核算

培训评价组织要坚持公益性原则，对职业技能等级证书的考核成本进行核算。试点期间，教育部委托有关机构组织论证提出参与试点的职业技能等级证书考核成本上限，并向社会公示。培训评价组织结合区域实际，与省级教育行政部门、试点院校具体协商确定考核费用标准。试点院校可统筹财政拨款、学费及其他事业收入等办学经费分担培训考核费用，保障试点学生至少参与一个职业技能等级证书的考核。要严格按照国家有关规定，规范使用相关经费。承担考核站点任务的试点院校，应统筹用好学校场地、设备、耗材、人员等资源，降低考核颁证费用。

（三）做好证书信息公开服务和学习成果积累

培训评价组织要对接职业技能等级证书信息管理服务平台，及时发布有关信息。职业技能等级证书信息在证书颁发后 7 个工作日内录入平台，提供查询、验证等服务。要对接职业教育国家学分银行，在有关职业技能等级证书公布后的 1 个月内，提出能体现学习成果的学分记录建议方案，推进学习成果积累。

四、完善财政支持方式

各地要按照财政部、教育部有关要求，切实履行投入主体责任，加大地方财政投入，统筹用好中央奖补资金，积极筹措社会资源，积极支持开展1+X证书制度试点工作。各省级教育、财政部门要结合试点实际统筹安排省级有关职教专项经费向试点工作倾斜，健全考核机制，完善分配因素，及时将有关资金拨付至试点院校。

各试点院校要及时与培训评价组织对接，根据证书考核需要调整完善学校专业人才培养方案，统筹好现有教学资源，在厉行节约的基础上合理安排财政资金、社会资源和自有资金，开展好1+X证书制度试点工作。要健全内部控制机制，不得截留挪用财政资金，确保资金使用规范有效。

五、严格监督管理

（一）健全制度约束

参与试点工作的培训评价组织，应与教育部委托的有关机构签署协议，明确公益性、先进性、合规性、退出机制等方面约束条款和违约责任。

（二）规范宣传引导

培训评价组织发布的有关通知、公告、宣传口径，要规范行文，文责自负，确保内容真实，不做虚假宣传、夸大宣传，不擅自标注"教育部指导""职成司指导""指定"等字样。

（三）建立健全监督机制

国家层面针对每个试点证书在10个左右试点院校设立监测点，监督培训评价组织履行协议的情况，及时发现、分析和研究试点工作各环节有关问题，各地可参照执行。培训评价组织、试点院校积极开展绩效自评，接受省级有关部门及其委托的第三方开展的评价。教育部将通过职业技能等级证书信息管理服务平台，及时关注并回应社会各方有关监督评价意见。

（四）建立退出机制

培训评价组织凡出现以下情形之一的，经相关部门调查核实，教育部将取消参与试点资格，退出试点工作：考核工作组织实施不力，在考核过程中存在严重违反考核纪律、弄虚作假的；违反有关规定进行高收费或另立名目乱收费，不按要求及时整改的；借试点工作谋取不正当利益的，如向学校捆绑销售仪器设备、实训软件等；不按要求及时更新有关职业技能等级标准、教材、考核题库的；针对通过证书信息管理服务平台等渠道反映集中的其他问题，不按要求及时整改的；存在其他违纪违规情况的。

试点院校出现以下情况之一的，省级教育行政部门取消参与试点资格：推进试点工作不力、进展缓慢，连续三周不填报周报的；证书培训、考核等工作管理不严的；试点工作经费使用不规范的；强制或变相强制学生参加培训或考核的；存在其他违纪违规情况的。

试点过程中，各地要及时总结经验，宣传典型案例，研究解决存在的困难问题，对有关政策措施提出调整优化建议。试点期后有关部门继续完善相关制度设计。

（资料来源：教育部办公厅，国家发展改革委办公厅，财政部办公厅. 教育部办公厅 国家发展改革委办公厅 财政部办公厅关于推进1+X证书制度试点工作的指导意见[EB/OL].（2019-11-14）[2021-11-15]. http://www.moe.gov.cn/srcsite/A07/zcs_zhgg/201911/t20191118_408736.html，节选。）

模块二　音文信息转换训练

音文信息转换就是将音视频信息中收录的语言信息及相关信息记录成文字。本模块的任务不同于同声速录，其处理的对象是音视频文件。因此，速录师的录入速度直接影响完成任务的效率。同时，要求速录师熟练使用速录相关设备及软件（如语音识别设备、录音设备、录影设备、Office 系列软件等），熟悉相关工作流程。

本模块包括音频信息速录采集训练、视频信息速录采集训练和字幕速录训练三个任务，分别介绍了音视频文件的格式及转换处理的相关知识，安排了讲话、采访、新闻节目、宣传纪录片、影视剧等不同内容的音文信息转换训练，具有很强的针对性。

任务一　音频信息速录采集训练

🌸【学习目标】

1）掌握音频速录采集过程。

2）熟悉政治经济类讲话音频速录采集过程。

3）熟悉采访类音频速录采集过程。

4）通过反复训练，能够达到 130 字/分以上的录入速度。

一、音频速录采集过程

速录采集音频文件，是指速录师利用速录设备将音频文件中的声音资料记录整理为文字，并生成电子文档的过程。速录采集音频资料是基于现有的音频文件，可以反复收听，因此对速录速度的要求并不十分严格。如果能熟练掌握和使用语音伴侣等软件，将起到事半功倍的效果。

【学习步骤】

掌握音频速录采集过程。

步骤 1：根据教材掌握音频速录采集过程。

步骤 2：结合实际音频文件，并结合理论知识进行操作。

（一）音频文件播放方法

1）使用一般音频播放器直接播放，需对音频播放器进行热键设置，从而使速录机可以控制音频播放器的"播放/暂停"和"后退"等相关功能。

2）使用语音伴侣软件进行播放，需注意音频文件格式必须为 WAV 格式，才可以在语音伴侣软件中正常播放。

（二）一般音频播放器热键设置

下面以千千静听（百度音乐版）播放器为例说明。

千千静听是一款免费的支持多种音频格式的纯音频媒体播放器。该播放器具有操作简捷、功能强大的特点，深受用户喜爱。

该播放器的热键设置中可启用全局快捷键，当光标在其他窗口时仍可操作相关热键对其进行控制，既方便速录人员操作，又避免在速录采集音频文件时打字界面与播放器界面来回切换而浪费时间的现象。

1）打开千千静听播放器，在其界面上右击，从弹出的快捷菜单中执行"选项"命令（或按 F1 键进入该界面），如图 2-1-1 所示。

2）在"选项"界面中选择"快捷键"选项，开始对"播放/暂停""快退"两项分别进行热键设置。

将界面下方"快捷键"处原有热键进行删除，设置为速录机快捷键"XNA:I"来控制"播放/暂停"；设置"XNA:W"来控制"快退"，并将"全局键"也统一设置，勾选"启用全局快捷键"复选框。最后单击"全部保存"按钮，即可完成设置，如图 2-1-2 所示。

将速录机与计算机连接并调试好，将音频文件在千千静听播放器中打开，通过两个热键的配合使用，在亚伟打字系统中将文稿整理出来。音频播放结束后，再将文稿放入 Word 中进行排版保存。

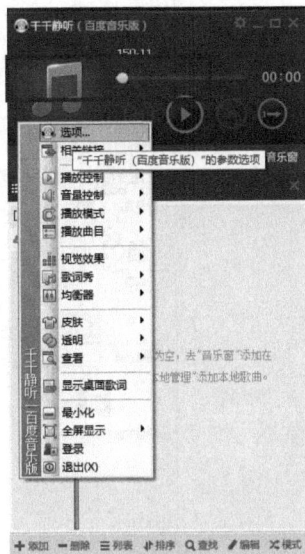

图 2-1-1 执行"选项"命令

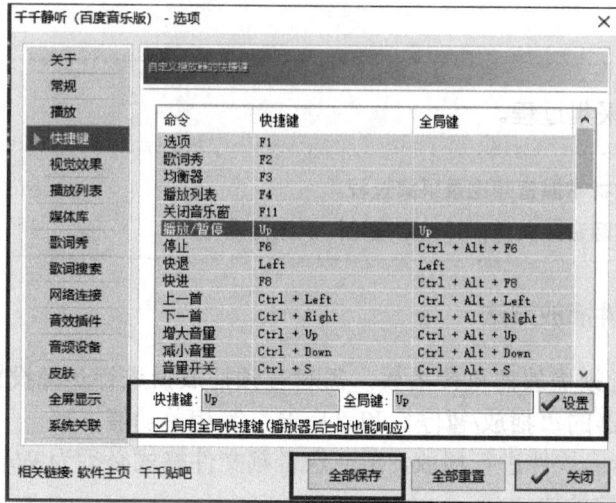

图 2-1-2　设置热键界面

（三）音频文件格式转换

下面以格式工厂软件为例来说明音频文件格式转换。

格式工厂是一款非常优秀的音视频转换工具，可进行音视频格式互转、音频提取、视频裁剪合并等操作。

1）打开格式工厂软件，出现该软件主界面，如图 2-1-3 所示。

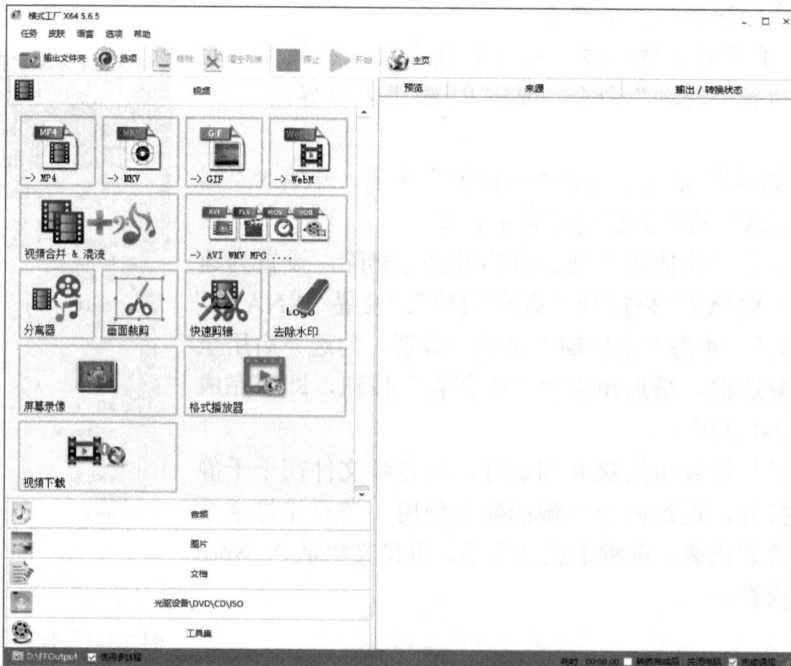

图 2-1-3　格式工厂软件主界面

2）如果要将音频文件最终转换成 WAV 格式的音频文件，应依次单击"音频"→"WAV"，如图 2-1-4 所示。

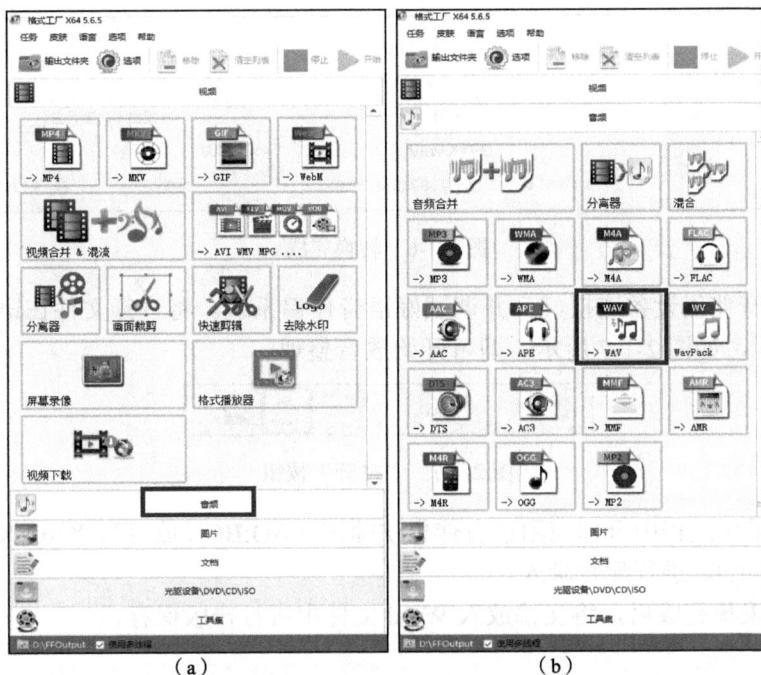

（a）　　　　　　　　　　　（b）

图 2-1-4　"音频"→"WAV"步骤

3）在弹出的窗口中单击"添加文件"按钮，可以添加待转换的音频文件，左下角选择输出路径，设置好后单击"确定"按钮，如图 2-1-5 所示。

图 2-1-5　"添加文件"界面

4）单击"开始"按钮，待转换状态为"完成"时，文件便转换成功了，如图 2-1-6 所示。

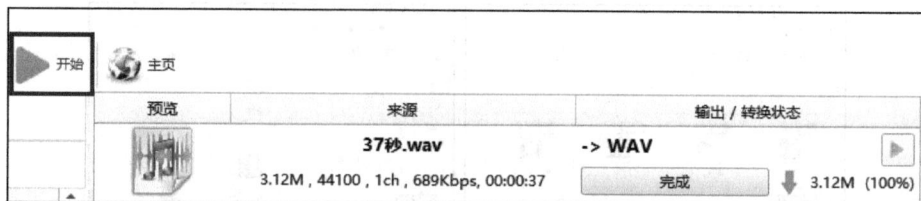

图 2-1-6　转换完成

5）将语音伴侣设备连接好，并调试好语音伴侣系统。将音频文件在语音伴侣软件中"打开" ，如图 2-1-7 所示，即可开始放音整理。

图 2-1-7　"打开"按钮

6）速录采集过程中合理应用语音伴侣快捷键 XAO:BG（放音）、XAO:XBZ（后退）、XAO:BD（停止），进行配合录入。

7）速录采集完成后，将文稿放入 Word 文件中进行排版保存。

特别提醒

速录软件没有排版功能。由于电子文本在任何排版软件中都可以直接调用，现有的排版软件很多（如 Word、WPS 等），而且排版功能都很强大。因此，速录软件没有必要重复开发，造成资源浪费。

知识链接

音频编辑专家软件简介

音频编辑专家是一款操作简单、功能强大的音频编辑软件，它包括音频格式转换、音频合并、音频截取、音量调整等功能。如果没有相关视频操作需求，直接选用音频编辑专家软件即可。

下面主要介绍使用音频编辑专家软件把两段音频文件进行拼接。

1）打开音频编辑专家软件，在主界面中单击"音乐合并"按钮，如图 2-1-8 所示。

2）在弹出的窗口中单击"添加"按钮，按照拼接顺序将音频依次添加，在"输出格式"下拉列表框中选择合并后音频的输出格式，在"保存路径"列表框中选择保存路径设置合并后的文件名称。全部设置完成后单击"开始合并"按钮，如图 2-1-9 所示。

3）待合并完成后，单击"确定"按钮即可，如图 2-1-10 所示。

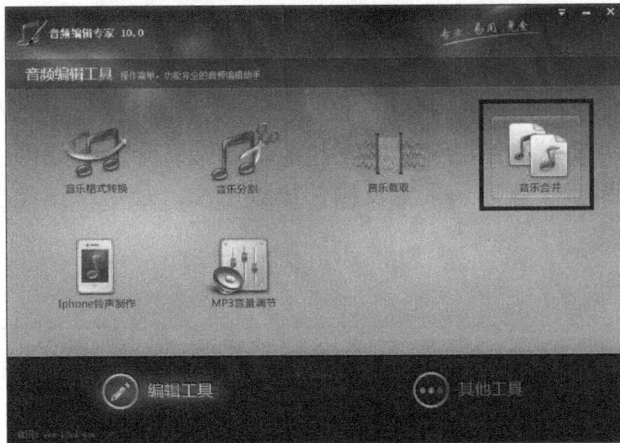

图 2-1-8　音频编辑专家软件主界面

图 2-1-9　"音乐合并"设置界面

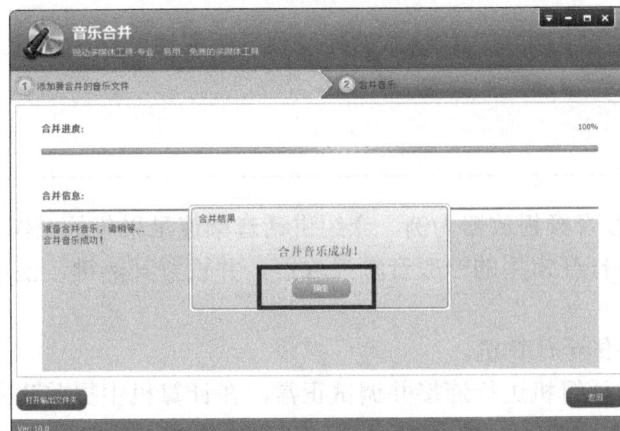

图 2-1-10　合并完成界面

【拓展训练】 ----------

请教师准备一段学校开会的音频资料或其他相关音频材料，让学生根据本节所学知识进行实际操作，并要求小组成员之间互相监督，确认速录采集的正确性。在完成成稿后，小组成员间相互点评速录采集及稿件排版情况。最后总结此次速录采集中出现的问题。

【学习评价】 ----------

填写学习评价表，如表 2-1-1 所示。

表 2-1-1　学习评价表

考核知识点	考核标准	分值	自评分	小组评分	综合得分
应用一般音频播放器整理音视频	使用千千静听播放器进行热键设置	25			
应用语音伴侣软件整理音视频	使用格式工厂软件将音频转换为 WAV 格式	25			
	使用音频编辑专家软件将两段音频文件进行拼接	25			
音频信息采集训练	音频信息采集训练完成情况	25			
总分		100			
教师指导意见					

二、政治经济类讲话音频速录采集训练

政治经济类讲话音频，涉及的词汇比较简单，且一般为单人发言或发言人逐个依次发言，记录起来并不复杂，是初步学习音频速录采集入门素材的首选。

【训练情景】 ----------

某网站开设了"学习讲堂"板块，教师录制了该板块的几段讲话录音，让学生进行速录采集训练。

【训练步骤】 ----------

下面以使用一般音频播放器为例，介绍讲话音频速录采集的操作步骤。

1）在计算机中打开常用的一般音频播放器，并设置其热键，使速录机可以对其进行操控。

2）将音频文件传至计算机。

3）将速录机与计算机进行连接并调试正常，在计算机中提前建立文件夹，设置音频文件速录采集完成后的保存路径。

4）使用音频播放器播放音频文件，并打开速录机进行速录采集。

5）因为该文件为单人教师在进行讲课，所以在速录采集过程中要注意适当分段以及合理添加标点符号，忌出现从头到尾只有一段文字的情况；该段音频文件已经是制作好的讲解语言，所以要求在记录过程中必须做到逐字逐句地进行记录。

6）对速录文稿进行校对，校对完成后放入 Word 文件中进行排版保存。

🌸 特别提醒

在对讲话音频进行速录采集过程中，要达到语义通顺、听辨能力提升及速录采集速度提高，需要不断地实践训练，以达到量的积累。学生可分阶段进行强化练习：第一阶段，以录音清晰的政治经济类简单内容为主，以强化学生的音频速录采集能力；第二阶段，增大音频内容难度，以锻炼提高学生的口音听辨能力。音频练习时长的积累对于音频速录采集水平的提升至关重要。

知识链接

音频编辑软件

传统的音频编辑软件有很多，如 Adobe Audition、Gold Wave、Cool Edit 等。随着信息技术的不断发展，出现了很多面向非专业人士，功能全、易操作的音频编辑软件，还有线上的软件版本。下面简单介绍两款音频编辑软件。

1. QVE 音频剪辑软件

QVE 音频剪辑软件是一款全功能音频剪辑软件，使用简单、方便。

QVE 音频剪辑软件下载界面，如图 2-1-11 所示。

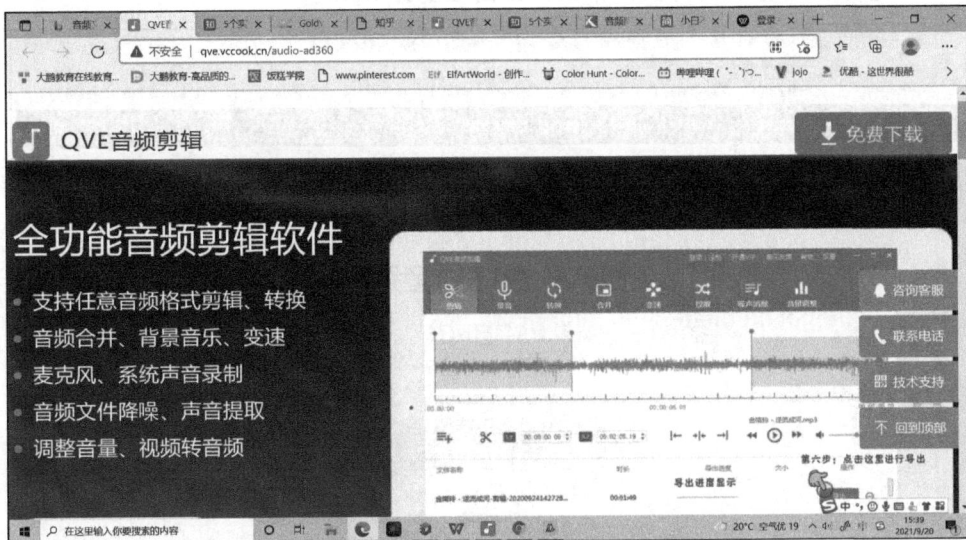

图 2-1-11　QVE 音频剪辑软件下载界面

下载安装后，该软件运行界面如图 2-1-12 所示。

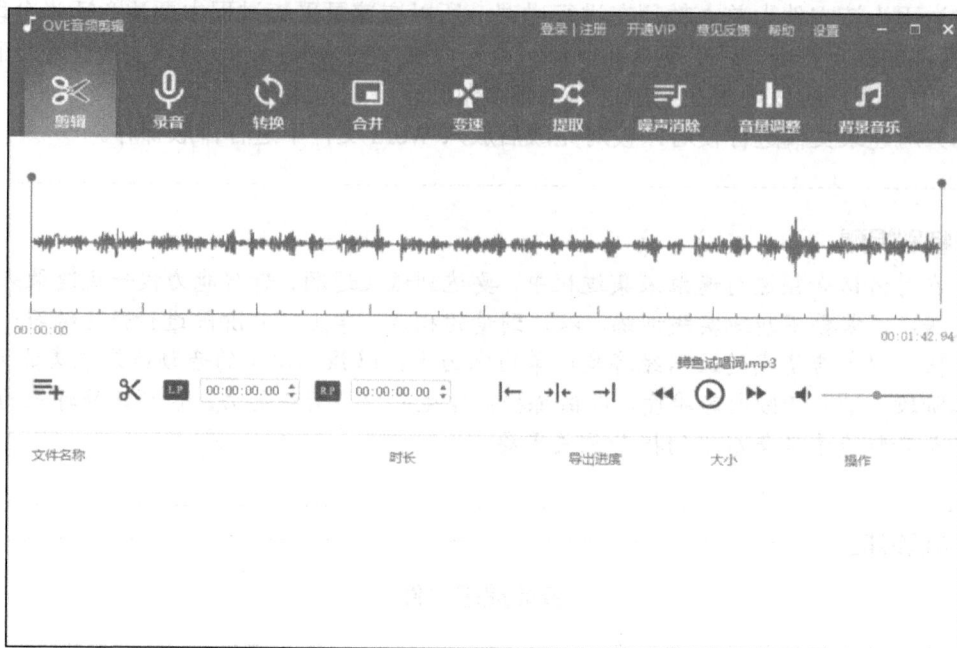

图 2-1-12　QVE 音频剪辑软件运行界面

2. 傲软免费在线音频编辑软件

傲软免费在线音频编辑软件是一款免费的在线音频编辑软件，能轻松完成音频的剪切、拼接、混音等基本编辑操作。

傲软免费在线音频编辑软件界面，如图 2-1-13 所示。

图 2-1-13　傲软免费在线音频编辑软件界面

单击"开始编辑"按钮，首次使用会要求下载安装启动器。启动后，软件界面如图 2-1-14 所示。

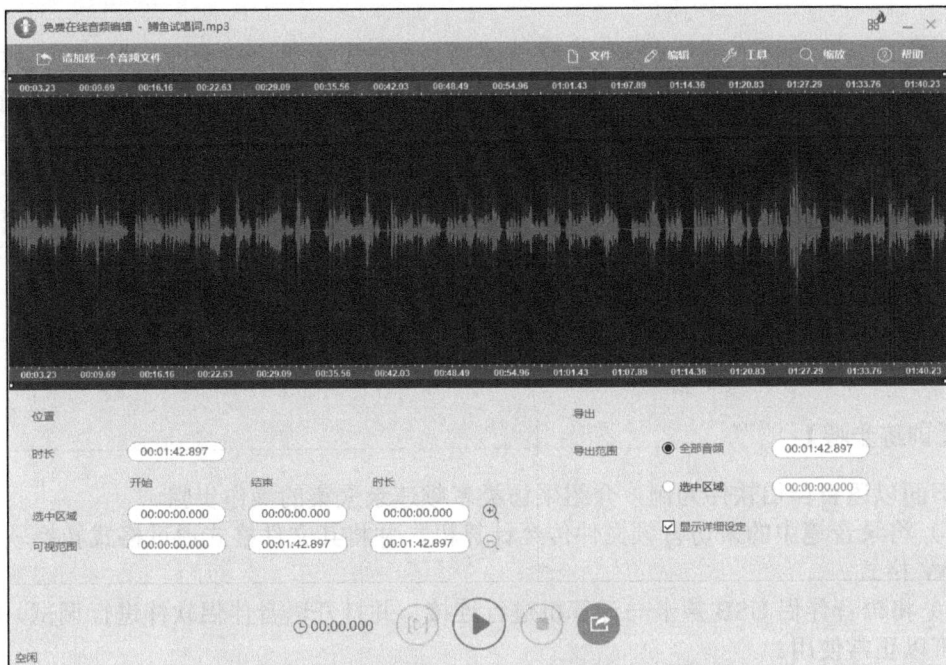

图 2-1-14 傲软免费在线音频编辑软件启动界面

【拓展训练】

请学生再收集一些政治经济类讲话音频文件，并通过网络找到对应文本资料作为标准文本，与自己速录采集整理的文本进行对比。观察标准文本与自己速录采集整理的文本有哪些区别，并在小组间进行讨论，说明哪种文本呈现方式更为合理。

【学习评价】

填写学习评价表，如表 2-1-2 所示。

表 2-1-2 学习评价表

考核知识点	考核标准	分值	自评分	小组评分	综合得分
音频速录采集准备	正确选择并设置音频播放器	15			
	能将音频文件传至计算机	15			
	正确连接速录设备与计算机	20			
音频速录采集过程	正确播放音频文件	10			
	完成音频文件速录采集	30			
	文件校对、排版与保存	10			
总分		100			
教师指导意见					

三、采访类音频速录采集训练

采访类音频相较于政治经济类讲话音频涉及的词汇更为广泛多样，且一般为双人对话式或单人对多人对话式，记录起来相对复杂，是音频速录采集进阶训练的必经阶段。

❀【训练情景】

学校举办社团招新会，其中一个环节是由一名主持人对不同社团推举出的社团之星成员进行采访。采访的主要内容是由社团之星介绍自己所在社团的一些日程安排，以及加入该社团后自身的成长、社团的优势等。教师将该环节使用录音笔进行了录音，需要速录班的学生对其进行速录采集，并最终将文字稿件在学校的宣传栏中进行张贴，供新生浏览阅读。

❦【训练步骤】

下面以语音伴侣软件为例，介绍采访类音频速录采集的操作步骤。

1）将录音笔中的采访音频文件传至计算机，并将其文件格式通过格式转换软件转为 WAV 格式。

2）将语音伴侣 USB 声卡与计算机进行连接，并打开语音伴侣软件进行调试，确保软件可以正常使用。

3）将速录机与计算机进行连接，并确认其可以在语音伴侣软件中正常录入文字。

4）由于采访类音频内容多样且复杂，针对此次训练会涉及大量社团名称，可在正式速录采集前对这些高频词汇进行造词、自定义等相关词库操作。

5）将采访类音频文件在语音伴侣软件中打开，使用速录机进行速录采集。

6）在速录采集过程中，对于听不清或听不懂的地方要做标记，比如用"……"做标记，便于二校时定位修改；由于是采访类音频，涉及多人对话，不同的人讲话需换行并在记录前打上发言人的名字，并在名字后面加冒号（：）。例如，"主持人："“速录社团张三："等。

7）速录采集完成后保存文件。

8）进行二次校对，保存后放入 Word 文件中进行排版保存，并提交给教师。

❦ 特别提醒

1）在速录采集过程中，要注意保持发言人原意，可适当总结记录，做到段落清晰、断句准确。

2）使用"添加"状态记录整理，以确保校对重听时定位准确。

3）记录发言人的讲话时，一般要在发言人名字后面加冒号（：）。为了方便记录，在进行自定义时，通常也会把冒号（：）作为自定义的一部分。例如，"主持人："“嘉宾："等。

4）当音频为多人对话且无法判断发言人名称时，记录格式为不同的发言人之间空两行，以示区分不同人物。

自定义高频词汇的两种方式

一、使用快捷键栏自定义

快捷键栏如图 2-1-15 所示。

图 2-1-15 快捷键栏

例如，将"主持人:"用第 1 个快捷键栏进行自定义，具体操作步骤如下。

1）击打出正确的文字"主持人:"，进行选中，如图 2-1-16 所示。

2）选中后，速录机操作 XW:D（数字），则"主持人:"出现在快捷栏 1 中，如图 2-1-17 所示。

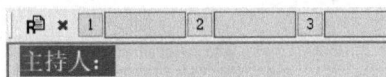

图 2-1-16 选中操作词（1）

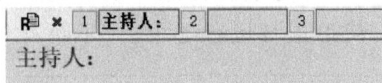

图 2-1-17 将选中词放入快捷键栏

3）快捷键栏设置完成后，下次使用时，直接击打 XW:D（数字），屏幕即可显示"主持人:"。

二、使用自定义编辑词库

例如，将"速录社团张三:"进行自定义，具体操作步骤如下。

1）击打出正确的文字"速录社团张三:"，进行选中，如图 2-1-18 所示。

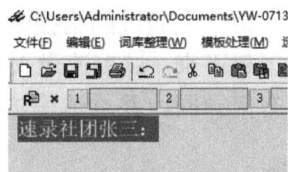

图 2-1-18 选中操作词（2）

2）用鼠标单击工具栏按钮，或使用速录机快捷键 XWU:D，调出"编辑自定义词库词条"界面，如图 2-1-19 所示。

3）用速录机击打准备定义的快捷键，如 XDZU:XBW（为了便于记忆，定义方式一般为"首字音节码+XBW"），如图 2-1-20 所示。

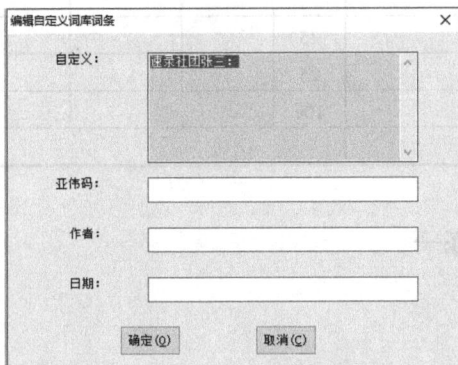

图 2-1-19 "编辑自定义词库词条"界面

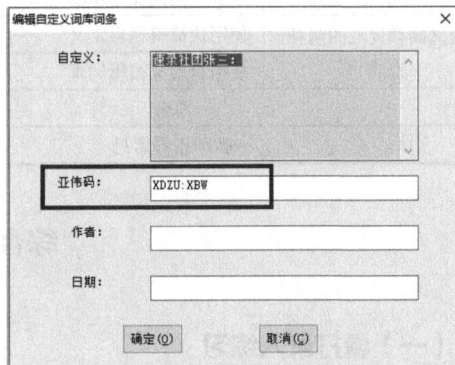

图 2-1-20 定义亚伟码快捷键码

4）单击"确定"按钮或用速录机快捷键XWU:XBW，即可完成设置。下次使用时直接操作定义的快捷键码即可。

特别提醒

在进行自定义等其他需要选中的操作时，可采用以下方法进行选中。

1）在"添加"状态下，光标默认在最开始位置，通篇无任何文字的情况下，录入需要选中的内容，操作速录机快捷键XWU:E向右逐字进行选中。

2）在"插入"状态下，通篇无任何文字的情况下，录入需要选中的内容，直接操作速录机快捷键XWU:I向上成行进行选中，即可一步选中需操作的词组（推荐）；若已经录入了部分文字，则将需要选中的内容单独一行进行录入，同样操作 XWU:I向上成行进行选中，再操作XWU:E向右退回一步即可。

3）使用鼠标进行选中。（不推荐）

【拓展训练】

请学生通过网络搜索一些名人采访或者街头群众采访的音频文件，最好把文字资料也下载下来。试着速录采集这些音频文件，并比较自己速录采集出的文稿与网上文字资料有何异同，并总结采访类音频速录采集的技巧，在班级内进行分享。

【学习评价】

填写学习评价表，如表2-1-3所示。

表2-1-3 学习评价表

考核知识点	考核标准	分值	自评分	小组评分	综合得分
采访类音频速录采集操作步骤	正确说出使用语音伴侣软件进行采访类音频速录采集的操作步骤	50			
自定义高频词汇的两种方式	使用快捷键栏自定义	25			
	使用自定义编辑词库	25			
总分		100			
教师指导意见					

综合训练一

（一）看打录入练习

下面这篇短文共1362个字，用亚伟码反复规范地看打，要求在10分29秒内完成看打录入（130 字/分），并且准确率在 98% 以上。

在现代社会，应用文书是人们在日常工作、学习和生活中交流思想、处理事务、解决问题、互通情况所经常用到的工具。它涉及面广，使用频率高，实用价值大。可以说，生活在错综复杂的社会关系网中的人，谁也离不开应用文书。因此，应用文书写作能力是现代人必备的能力之一。

《现代汉语词典（第 7 版）》对"应用文"的解释是"指日常生活或工作中经常应用的文体"。随着市场经济的发展以及信息时代的到来，应用文作为人们传递信息、处理事务、交流感情时经常使用的一种文体，越来越被人们所重视。大到国家政策法令的宣传，小到问候亲人的信件，都属于应用文的范畴。

应用文使用广泛、种类繁多，根据不同的分类标准有不同的类别，目前学术界尚无统一的分类体系和标准。一般，按处理事务的性质，将应用文文体分为公务文书和私务文书。公务文书是指为处理国家和集体的事务而使用的应用文书，包括通用文书和专用文书。通用文书又分为法定公文和事务文书；专用文书又分为经济文书、传播文书、法律文书等。私务文书是指为处理个人事务而使用的应用文书，即通常所说的个人日常应用文。

写文章首要的是立意，就是确立文章的主题。主题是一篇文章的中心思想、基本观点，是写作者写作意图最鲜明、集中的体现，是文章写作展开的依据、中心，并贯穿于文章的始末。应用文的主题一般来自单位领导、工作实践或党政机关文件。因此，应用文的主题应做到正确、鲜明、集中、深刻、创新。

1）正确。正确是应用文写作最基本的要求，主要是指应用文的思想观点要符合党和国家的路线、方针、政策、法律、规章，符合客观实际，能反映事物的本质规律，符合上级机关领导的意图。因此，在应用文写作中，作者要有正确的立场、观点和方法，善于从复杂的现象中发现问题，从纷繁的材料中挖掘出本质和精髓，明确上级机关领导对公务活动的基本目的、基本要求和基本主张，分清现象与本质、主流与支流。阐明的观点、提出的见解、发表的主张，应能立足客观实际，正确反映真实面貌。

2）鲜明。鲜明是指作者在应用文中要用直接明确的语言把主题揭示出来，使人一目了然，马上能了解文章的观点、目的和意图。因此，在应用文写作中，作者肯定什么、否定什么，赞扬什么、批评什么，歌颂什么、鞭挞什么，提倡什么、制止什么，等等，态度必须明朗，不能含糊不清、模棱两可。

3）集中。集中是指一篇应用文不论长短只能有一个中心，解决一个问题。应用文讲究一文一事，围绕一个中心把问题说深说透，这是由应用文的实用性所决定的。因此，在应用文写作中，要贯彻"事多而寡用之，意多而约出之"的写作原则，忌面面俱到、贪大求全，使文章失去中心。

4）深刻。深刻是指应用文确立的主题能够揭示事物的本质，反映事物的内部规律，能够发掘出深刻的思想意义。深刻是文章质量好坏的重要因素之一。深刻的主题不仅仅表现在反映事物的真实与正确方面，还要给人以启迪，发人深省。因此，在应用文写作中，作者要跳出具体材料的氛围，站在时代、思想的高度，高屋建瓴地把握事物的深层内涵，使文章"见人所未见，发人所未发"。

5）创新。创新是指主题新颖，不步后尘，不落窠臼。"文贵创新"的"新"主要体现在立意上。因此，应用文的立意要新，作者要能根据时代精神立意，从文章的实用价值考虑，表现出新的认识、新的观念，善于发现新的角度、新的事物，适时提出新的措施、新的方法，给人以新鲜感。

（资料来源：徐飚，金凤，2021 应用文书写作[M]. 北京：科学出版社. 本书模块二至模块三的综合训练素材均节选自此书，下同。）

录入技巧

1）可联词消字定字的：它（的）、网（格）、版（本）、指（出）、事（实）、寡（淡）、意（义）、约（计）、忌（嘴）、见（得）、未（可）、贵（族）、步（步）。

2）单音词须特定的：的（X:D）、第（W:DI）、时（W:XZ）、又（XW:IEO）、为（X:UE）、即（XW:GI）、篇（W:BGINA）、或（W:XGO）、与（W:IU）、使（X:XZ）、由（W:IEO）、地（W:DI）、发（W:BIU）。

3）全音码可以捆绑的：涉及面广、离不开、应用文、学术界、贯穿于。

4）须在重码提示行中进行选择的：事务（2）、互通（2）、实用（2）、写作（2）、文体（2）、信件（2）、尚无（5）、立意（3）、始末（2）、纷繁（2）、支流（2）、见解（2）、揭示（3）、只能（2）、实用性（2）、发掘（2）、真实（2）、跳出（2）。

5）可以造词的：私务、写作者、党和、一文一事、说深说透、不步后尘、事多而寡用之、意多而约出之、见人所未见、发人所未发、不落窠臼、古人曰。

6）须分开单击的：大\到、小\到。

🌷 特别提醒

通过初级阶段的速录学习和训练，学生已经掌握了一定量的略码，以及能够找到文章中略码的能力，所以从中级阶段开始，训练文章不再对略码进行标划。如果确有需要，可借助相关软件对略码进行标划练习。

（二）看打录入小测

下面这篇短文共 1682 个字，用亚伟码反复规范地看打，要求在 12 分 56 秒内完成看打录入（130 字/分），并且准确率在 98%以上。

1．选材

选材就是在文章写作的过程中，按照一定的写作意图，对材料进行分析、鉴定、比较、取舍的过程。一般来说，材料的选择应遵循真实、切题、典型、新颖的原则。

真实。真实是文章的生命。应用文写作要求材料要真实准确，即真人真事，没有编造杜撰、夸大缩小。记人，不仅应确有其人，而且人物的姓名、籍贯、相貌特征、脾气禀性等都要刻画准确；叙事，时间、地点、人物、情节、原因、结果都要交代准确。这是应用文选择材料必须坚持的一条基本原则。

切题。切题就是围绕主题选择材料，使材料符合表现主题的需要。材料是否切题，实质是观点和材料是否统一，材料是否能紧扣写作主题，是否能具体显示或说明观点。因此，在选择材料时，要做到观点统帅材料，材料表现观点。凡是能有力地表现、说明、反映主题的材料就选留，否则就坚决舍弃。

典型。典型是指应用文的材料必须是既能反映事物本质，又具有代表性与说服力的材料。典型材料在应用文中能起到以一当十、以小见大的作用。典型材料可以是多种多样的，并非一定是重大的、惊天动地的材料，那些平常生活的小事，只要善于发掘，也能以小见大，反映事物的本质，如曲折的情节、感人的细节、有代表性的事例、有说服力的数据等。

新颖。新颖是指应用文的材料能反映时代气息、时代风貌和时代精神。新颖的材料大致来自3个方面：一是新近发生的具有社会意义的事情或新近提出的观点，包括新闻事件、新闻人物，产生的新信息、新成就、新观念、新思想等；二是虽然不是新近发生的事或新近提出的观点，但不为大多数人所知，所以能引起人们的注意，给人以新鲜感；三是老材料翻新意，从过去的材料中变换不同的角度发掘新意，并赋予它们时代精神，给人以新的思考和启迪。

2. 布局

布局是作者按照应用文写作主题的需要，对材料所进行的有机组合和编排，又称为结构或谋篇布局。一般认为，文章结构和布局技巧包括标题、开头、结尾、层次、段落、过渡、照应等。

标题。标题又称为题目，是文章的有机组成部分。拟定标题的要求：一是要贴切，即标题能概括文章，文章能切合主题；二是要简洁，即用最少的文字概括全文的内容，做到言简意赅；三是要吸引人，即标题要新颖别致、形象生动。应用文的标题通常有两种形式：一是公文式标题，即由"发文机关+事由+文种"组成，如《教育部关于举办2021年全国职业院校技能大赛的通知》；二是一般文章式标题，常用于简报、调查报告、总结、述职报告等事务性文书，它可以分为单标题和双标题两种，如《××职业技术学院2021学年度工作总结》《与时俱进，开拓创新，再创佳绩——××职业技术学院2021学年度工作总结》。

开头。开头是文章的起始部分。应用文的性质与特点，决定了应用文的开头必须直截了当、开门见山，越简洁越好。应用文常用的开头方式有：①概述式，即概括叙述有关情况或背景材料的开头方式，如报告、会议纪要、总结、述职报告、调查报告等文种常常采用这种方式；②目的式，即以阐述发文的意义、宗旨等作为开头的方式，常用"为了""为"等介词构成的短语表明行文目的，也常用"根据"等句式表明行文依据，如通告、通知、计划、招标书、投标书等文种常采用这种方式；③开门见山式，即开篇直入内容或主题的开头方式，如决定、意向书等文种常采用这种方式；④引述来文式，即以引述对方来文、来电的标题与发文字号作为开头的方式，这种写法大多用于函、批复等回复性公文。

结尾。结尾是一篇文章的终结部分，是文章的归宿点和落脚点。结尾要求自然、有力，最忌雷同。应用文常用的结尾方式有：①强调式，即对正文中的主要问题作强调说明，以强化读者印象的结尾方式；②祈请式，即在正文结束后表达祈求愿望的结尾方式，常用于公文的上行文或函，如请示的结尾通常是"当否，请批示""以上内容如无不妥，请批准各地执行"等；③希望式，即在正文结束后向读者提出要求、号召或希望的结尾方式，该结尾方式可用于各种文体；④说明式，即在文书结尾处补充说明某些内容的结尾方式，该结尾方式常出现在经济应用文书中；⑤秃尾，这是一种没有结尾的结尾方式，正文结束即告全文结束，也称为自然结尾。除了公文外，其他事务应用文也常采用此种结尾方式。

录入技巧

1）可联词消字定字的：记（得）、既（是）、翻（阅）、（格）式、越（是）、直（接）、常（委）、函（大）、祈（祷）、秃（鹫）、尾（巴）。

2）单音词须特定的：以（X:I）、由（W:IEO）、于（X:IU）、入（W:BXZU）、请（X:XGINE）、无（X:U）。

3）全音码可以捆绑的：事务性。

4）须在重码提示行中进行选择的：人物（2）、籍贯（2）、相貌（2）、禀性（3）、叙事（2）、紧扣（3）、显示（2）、有力（2）、小事（4）、事例（4）、所知（3）、赋予（3）、它们（2）、称为（2）、发文（3）、事由（2）、文种（3）、院校（2）、技能（2）、通知（2）、简报（2）、述职（7）、起始（5）、简洁（4）、宗旨（3）、介词（2）、句式（5）、引述（2）、字号（2）、批复（2）、回复（2）、祈求（3）、请示（2）。

5）可以造词的：再创佳绩、会议纪要、述职报告、招标书、投标书。

（三）听打录入练习

下面这篇短文共 1468 个字，请教师录制音频并播放，学生用亚伟码反复规范地听打，要求在 11 分 17 秒内完成听打录入（130 字/分），并且准确率在 98%以上。

应用文在我国产生的历史可上溯到殷商，不同时期有不同的称呼。应用文发展到今天，具有以下特点。

（1）功能的实用性

应用文的写作目的是解决现实中的实际问题，它追求的是直接效用。比如会议通知，何时、何地、何人参加、主题是什么等，要一目了然。同时，应用文是为了办理公私事务、解决问题而写的，所以必须及时办理，否则就会耽误工作、学习和生活。

（2）内容的真实性

真实是应用文的生命，其内容必须与客观情况相符合。比如市场调查报告，只有进行系统调查，掌握第一手材料，反映市场的真实状况，才能对市场作出正确的预测和决策。

（3）格式的规范性

应用文文本形式（格式）和语体都有相对固定的要求，必须遵循一定的规范模式，不允许自行其是。任何个人和组织在行文时，不能自创文种，也不能突破规定格式自成一体。

（4）语言的简明性

应用文的语言要求简明朴实，文字准确，主题单一，内容尽量避免繁杂。

层次是指文章划分内容表达的顺序。层次相对于内容有独立性，但层次之间又有意义和结构上的连贯性。安排层次主要依文章的内容和性质而定，一篇文章划分的层次是否完整、清楚、合乎逻辑，直接关系到主题的表达，并影响读者对文章内容的理解。

应用文常用的层次方式有：①总分式，即在报告、总结、调查报告、会议纪要等篇幅较长的文章里，常采用"总、分、总"的综合交叉形式；②并列式，即各个层次之间的逻辑关系互为并列的结构形式，如合同、意向书、招标书、投标书等文种常采用这种方式；③递进式，即各个层次之间由浅入深、层层深入的结构形式；④因果式，即各个层次之间按前因后果或前果后因顺序安排的结构形式，如请示等文种；⑤时序式，即以时间先后为顺序，按照事物的发生、发展、变化过程来安排层次的方式，常用于报告、总结、会议纪要、市场调查报告等；⑥三段式，即公文常常采用的"发文缘由、事项、尾语"三层次结构形式，如通知、通报、报告、请示、计划、总结、述职报告等。

段落是文章构成的基本单位，习惯上称作"自然段"。一般来说，层次决定段落的划分，划分段落是为了更有条理、有步骤地表现层次。应用文常用的段落方式有：①提行式，即以另起行表示内容转换的方式，如会议纪要常以惯用语"会议认为""会议指出""会议强调"作为不同段落的区分；②条款式，又称为条文式，即以序数为标志，按不同意思分条列项划段的方式，如报告、通告、公告、调查报告、总结、合同、可行性研究报告等文种常采用这种方式；③篇段合一式，即一篇文章为一段的划分方式，如公文中的批复、转发、印发通知等常采用这种方式。

过渡是文章上下内容、段落之间的衔接、转换。在行文中，常常要从一个意思转到另一个意思，从一个段落进入另一个段落，如果没有衔接的文字，文章就会显得突兀，意脉也不会贯通。因此，过渡具有承上启下的作用，是层次、段落的穿结处，是文章的筋节所在。应用文常用的过渡方式有：①过渡词，如"因此""总之""由此可见""综上所述""既然""那么""尽管""但是"等；②过渡句，如"现将具体要求通知如下""现就有关问题请示如下"等；③过渡段，是指以一个独立的自然段来承转过渡。

照应是文章前后内容的关照与呼应。文章前后内容的联系，线索、脉络的连贯，有时需要靠照应来衔接、点明，以使文章脉络清晰，结构紧凑严密，从而帮助读者更好地理解内容的发展。应用文常用的照应方式有：①首尾照应，即文章开头与结尾照应，如总结、述职报告、市场调查报告等常采用这种方式；②文题照应，包括文章内容与标题照应、文章主题与标题照应、文章开头与标题照应、文章结尾与标题照应等；③行文前后照应，即围绕主题，行文中多次照应。

录入技巧

1）可联词消字定字的：秦（朝）、汉（族）、细（节）、何（不）、依（旧）、互（相）、果（真）、语（言）、起（来）、划（分）、脉（搏）、结（果）、词（义）、句（法）、承（接）。

2）单音词须特定的：称（X:BZNE）、提（W:BDI）、穿（X:BZUNA）、处（XW:BZU）、现（X:XINA）、文（W:UN）、题（X:BDI）。

3）全音码可以捆绑的：真实性、自成一体、有条理。

4）须在重码提示行中进行选择的：上溯（2）、称为（2）、典籍（3）、文卷（2）、繁衍（3）、实用性（2）、何时（2）、何地（3）、公私（2）、真实（2）、语体（2）、又有（6）、缘由（4）、通知（3）、通报（2）、序数（3）、转发（2）、印发（2）、筋节（3）、点明（2）、首尾（3）。

5）可以造词的：殷商、典册、是（XZI）指、一篇文章、时序。

6）须分开单击的：就\会、都\有、较\长、分\条。

（四）听打录入小测

下面这篇短文共 1497 个字，请教师录制音频并播放，学生用亚伟码反复规范地听打，要求在 11 分 31 秒内完成听打录入（130 字/分），并且准确率在 98% 以上。

语言是音义结合的符号系统，它是以语音为物质外壳，以语词为结构单位，以语法为中介而构成的物质形态，是人类特有的用来表达意思、交流思想的工具。

语言包括口头语言和书面语言。应用文的写作语言要做到庄重得体、朴实平易、准确简明。

（1）庄重得体

应用文多用于工作、学习和生活等较为正式的场合，因此，应用文写作用语应庄重得体，不适合使用口语、不规范语言或是文学语言。在日常写作中，要注意以下几点：一是要注意使用规范化的书面用语，多使用敬词、谦词，多使用陈述句和祈使句，多使用联合词组和双音节词，多使用长句和复句；二是要使用规范的全称或简称，应用文在涉及政府机关和企事业单位的名称、人名、职务、地点等时，为表示庄重得体，可使用全称或规范化简称，如"三个代表""两会""高新区"等，或规范化使用简称，如《中华人民共和国外资保险公司管理条例实施细则》（以下简称《细则》），这里的"《细则》"代替全称"《中华人民共和国外资保险公司管理条例实施细则》"；三是使用文言词，在应用文中为了达到用语庄重简洁的要求，常用"收悉""兹有""拟请"等文言词表述，以显得庄重得体。

（2）朴实平易

应用文的语言强调真实、自然、易读易懂，只传达"实用"的内容，不像文学语言讲究审美、意在言外。因此，切忌华丽辞藻堆砌，或运用描写、抒情等表达方式。同时，应避免使用生僻晦涩或多义的字词，以免产生歧义；忌用空话、套话和华而不实的词语。

（3）准确简明

应用文应该快速直接发布信息，以便于接收者理解文章内容。因此，要求文字表述要准确，用语要简洁明了。在应用文写作中，要注意以下几点：一是尽量使用限制性词语，准确如实地反映客观事物，对于词语的内涵和外延进行界定，如"下了很大的雨"中的"很大"的表述是不够明确的，可以用"降水量达到 100 毫米"的数据表示；二是使用模糊性词语，如"人民的生活水平有了很大的提高"，其中的"很大"二字即为模糊性词语，如果使用准确性词语则无法完整表述情况，此时采用模糊性词语反而能够准确表述情况；三是使用模式化词语，如"为了""为此""准予""当否""届时""此致""敬礼"等，这些模式化词语，约定俗成，用法固定，能够使表意更简明、准确。

应用文有独特的专用语言，常见的有以下 8 类。

（1）开头用语

为、为了；根据、按照、遵照、依照；鉴于、关于、由于；目前、当前；兹（指现在）、兹有、兹将、兹介绍、兹派、兹聘。

（2）承启用语

根据……决定，根据……特通告如下，依据……公告如下；为了……现决定，为……通报如下，现就……问题请示如下；现将……（情况）报告如下，现就……问题提出如下意见，经……批准（同意）将有关事项通知如下；拟采取如下措施；经……研究，答复如下。

（3）引述用语

悉（知道）、收悉、电悉、文悉、敬悉、欣悉。

（4）批转用语

批示、阅批、审批、批转、转发、印发。

（5）称谓用语

我（部）、贵（局）、你（省）、本（部门）、该（处）。

（6）经办用语

经、业经、兹经、未经；拟、拟办、拟定；施行、暂行、试行、可行、执行、参照执行、贯彻执行、研究执行；审定、审议、审发、审批；会议听取了、会议讨论了、会议认为、会议指出、会议强调指出、会议通过了、会议决定、会议希望、会议号召、会议要求、会议恳切呼吁。

（7）表态用语

不同意、原则同意、同意；不可、可办、照办；批准、原则批准。

（8）结尾用语

用于请示：当否，请批示；如无不妥，请批转各地执行；妥否，请批复。用于函：请研究函复；盼复；请予复函；不知尊意如何，盼函告；望协助办理，并尽快见复。用于报告：请指正、请审阅。用于批复、复函：此复、特此专复、特函复。用于知照性公文：特此公告（通告、通知、通报）。

录入技巧

1）可联词消字定字的：词（儿）、像（章）、意（义）、雨（水）、忌（嘴）、指（出）、聘（请）、拟（定）、（熟）悉、部（分）、贵（族）、局（部）、审（查）、发（展）、函（大）、复（习）、盼（望）、知（恩）、敬（业）、望（见）、见（得）。

2）单音词须特定的：只（W:Z）、字（W:DZ）、即（XW:GI）、使（X:XZ）、现（X:XINA）、电（W:DINA）、省（XW:XZNE）、处（XW:BZU）、无（X:U）、请（X:XGINE）。

3）全音码可以捆绑的：祈使句、陈述句、应用文、规范化、高新区。

4）须在重码提示行中进行选择的：音义（2）、语词（3）、中介（2）、写作（2）、平易（3）、用于（3）、全称（2）、简称（2）、人名（2）、职务（3）、实施（2）、简洁（4）、收悉（2）、兹（6）、实用（4）、堆砌（2）、晦涩（2）、以免（2）、歧义（9）、套话（2）、如实（2）、届时（6）、此致（3）、敬礼（5）、承启（4）、请示（2）、引述（2）、欣悉（5）、转发（2）、印发（2）、称谓（3）、未经（2）、施行（2）、请予（5）、指正（2）、通知（3）、通报（2）。

5）可以造词的：敬词、谦词、长句、易读易懂。

6）须分开单击的：可\办（W:BAN）。

任务二　视频信息速录采集训练

【学习目标】

1）掌握视频速录采集过程。

2）熟悉新闻节目类视频速录采集过程。

3）熟悉宣传纪录片类视频速录采集过程。

4）通过反复训练，能够达到 140 字/分以上的录入速度。

一、视频速录采集过程

速录采集视频文件，是指速录师利用速录设备将视频中的声音资料记录整理为文字，并生成电子文档的过程。速录采集视频资料，是基于现有的视频文件，可以反复收看，因此对速录速度的要求并不十分严格。如果能够熟练掌握视频播放软件热键设置及操作，将起到事半功倍的效果。

【学习步骤】

掌握视频速录采集过程。

步骤1：根据教材内容了解视频速录采集过程。

步骤2：结合实际视频文件和理论知识，进行实际操作。

（一）视频播放方法

1）使用一般视频播放器直接播放，需对播放器进行热键设置，从而使速录机可以控制播放器的"播放/暂停"和"后退"等相关功能。

2）使用语音伴侣软件进行播放，需注意要先将视频文件转化为 WAV 格式的音频文件，才可以在语音伴侣软件中正常播放。

（二）一般视频播放器热键设置

下面以 PotplayerSetup 播放器为例说明。

PotplayerSetup 是一款非常优秀的音视频播放器，支持常见格式音视频的播放，并且可以支持光标在其他窗口时仍可操作热键对其进行控制，既方便速录人员操作，又避免在速录采集视频时打字界面与播放器界面来回切换而浪费时间的现象。

1）打开 PotplayerSetup 软件，在其界面上右击，在弹出的快捷菜单中执行"选项"命令（或按 F5 键），如图 2-2-1 所示。

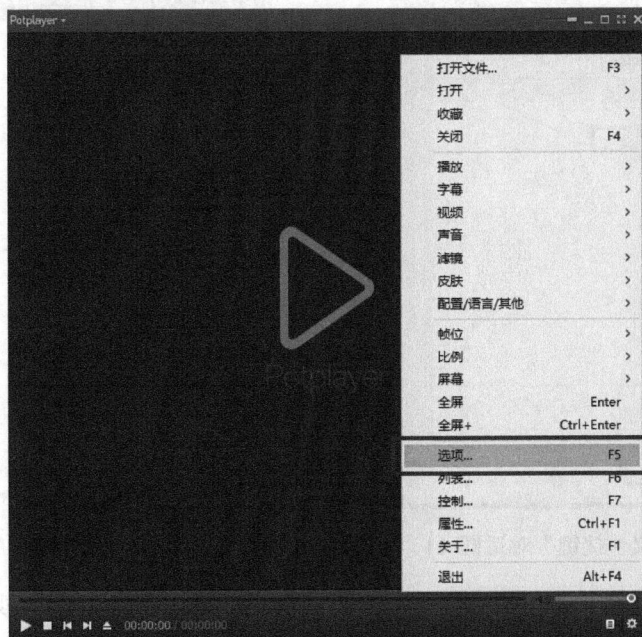

图 2-2-1 执行"选项"命令

2）进入参数选项界面，单击"热键"选项，进入热键设置区域，单击"添加"按钮，如图 2-2-2 所示。

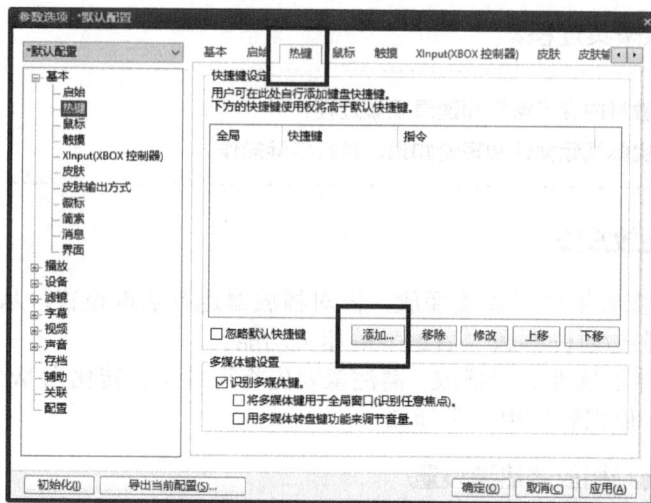

图 2-2-2　参数选项界面（1）

3）弹出"定义快捷键"对话框。单击"播放"前的"+"，展开下拉菜单，从中选择"播放/暂停　空格键"选项，如图 2-2-3 所示。

4）在"快捷键"后的文本框中输入"Ctrl+Page Up"（通过速录机直接操作 XWU:INA 即可对应），然后单击"确定"按钮，如图 2-2-4 所示。

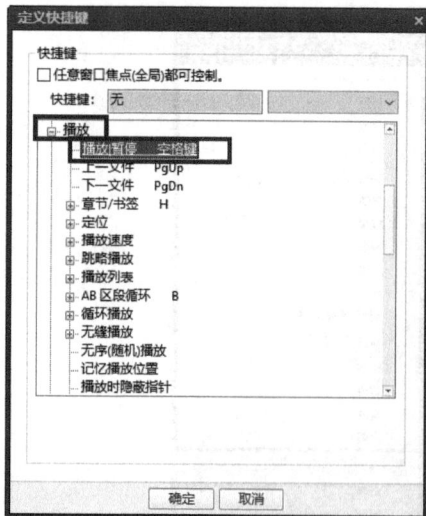

图 2-2-3　"定义快捷键"对话框（1）

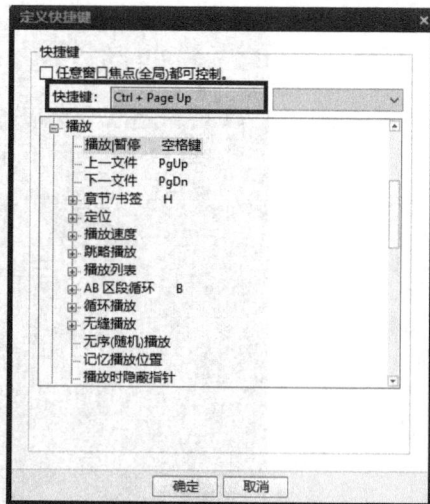

图 2-2-4　"定义快捷键"对话框（2）

5）从"快捷键"列表框中打开"定位"下拉菜单中的"步退 5 秒"选项，设置为 Ctrl+Page Down（通过速录机直接操作 XWU:UEO 即可对应）。操作步骤可参照"播放/暂停"设置方法，如图 2-2-5 所示。

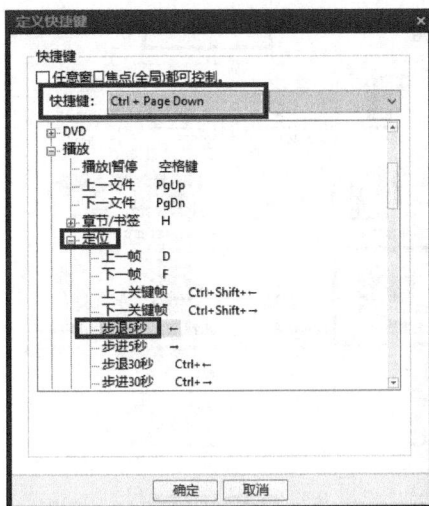

图 2-2-5 "定义快捷键"对话框（3）

6）两个热键添加完成后，勾选两个热键"全局"下的复选框，然后单击"应用"按钮，最后单击"确定"按钮，完成全部热键设置，如图 2-2-6 所示。

图 2-2-6 参数选项界面（2）

将速录机与计算机连接并调试好，将视频在 PotplayerSetup 播放器中打开，通过两个热键的配合使用，在亚伟打字系统中将文稿整理出来。视频播放结束后，再放入 Word 文件中排版保存。

（三）视频文件格式转换

1）打开格式工厂软件，在软件主界面中选择"视频"选项，然后单击"分离器"按钮，如图 2-2-7 所示。

图 2-2-7　格式工厂软件"视频"主界面

2）在弹出的窗口中单击"添加文件"按钮，可以添加待转换的视频文件，左下角选择输出路径，设置好后单击"确定"按钮，如图 2-2-8 所示。

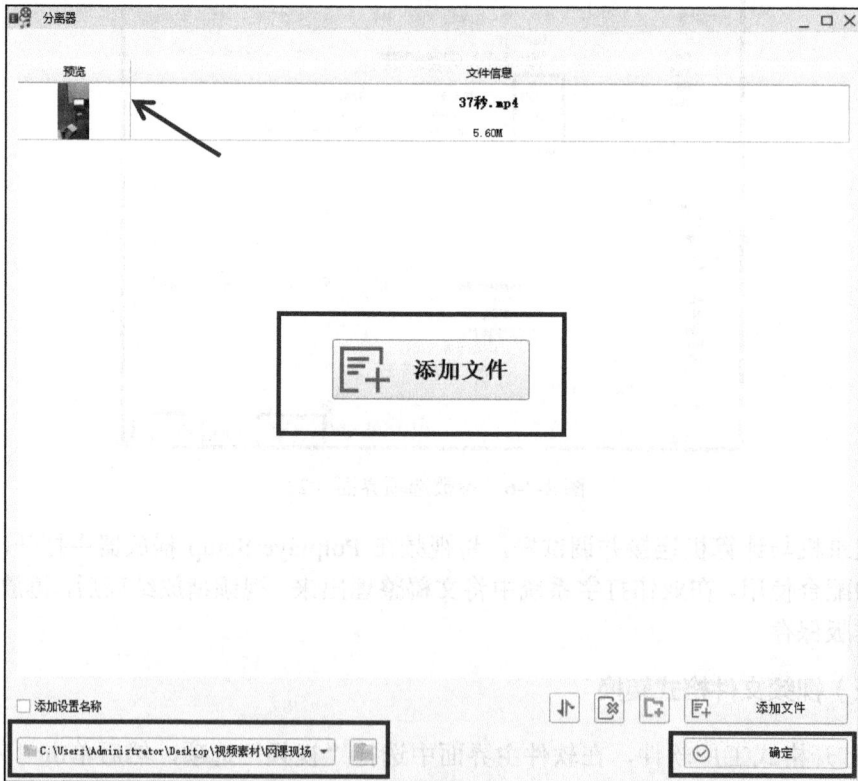

图 2-2-8　"添加文件"界面

3）单击"开始"按钮，待分离"完成"时，视频文件便成功分离出了视频和音频文件，如图 2-2-9 所示。

图 2-2-9 分离完成

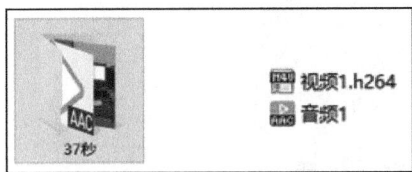

图 2-2-10 分离完成后的文件

4）从设置好的保存路径处可以看到，与视频文件名字一致的文件夹，打开文件夹可以看到分离好的视频和音频文件，如图 2-2-10 所示。

5）音频文件格式可通过格式工厂软件进行 WAV 格式的转换，可以使用语音伴侣软件进行打开整理。

知识链接

暴风影音播放器热键设置

暴风影音软件也是速录人员速录采集音视频文件常用的播放器，它的热键设置步骤如下。

1）打开暴风影音播放器，在播放界面右击，在弹出的快捷菜单中执行"高级选项"命令，如图 2-2-11 所示。

图 2-2-11 执行"高级选项"命令

2）在弹出的"高级选项"对话框中选择"热键设置"选项，将"播放/暂停"的快捷键更改为"XNA:I"，将"快退"的快捷键更改为"XNA:W"即可。最后单击"确定"按钮，如图2-2-12所示。

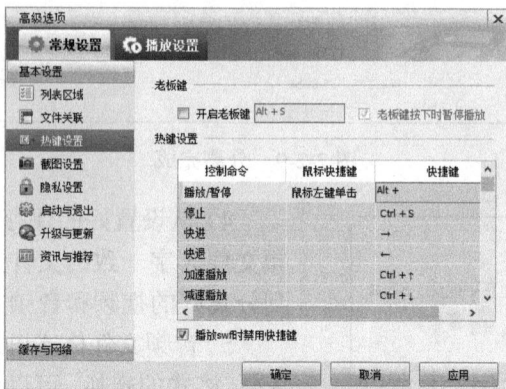

图 2-2-12　热键设置界面

3）热键设置完成后，可用速录机对其进行控制，在亚伟打字系统中进行音视频采集录入。

特别提醒

1）"播放/暂停"快捷键在设置为"XNA:I"的过程中，可能会出现热键冲突，从而不能正常更改，需要先找到与之冲突的热键，并将冲突的热键更改为"无"或其他设置即可。

2）热键设置成功后，在速录采集音视频过程中，若想用速录机控制热键有效，则光标须放在暴风影音播放器界面中。

【拓展训练】

请教师准备一段视频材料，让学生根据本节所学的知识进行实际速录采集，并要求小组成员之间互相监督，确认速录采集流程的正确性。在完成成稿后，小组成员之间可以相互点评速录采集流程及稿件排版情况，最后总结此次速录采集中出现的问题。

【学习评价】

填写学习评价表，如表2-2-1所示。

表 2-2-1 学习评价表

考核知识点	考核标准	分值	自评分	小组评分	综合得分
应用播放器速录采集视频文件	能够正确使用 PotplayerSetup 播放器速录采集视频文件	25			
	能够正确使用格式工厂软件进行视频文件格式转换	25			
	能够正确使用暴风影音播放器速录采集视频文件	25			
热键冲突解决方法	能够正确解决热键冲突情况	25			
总分		100			
教师指导意见					

二、新闻节目类视频速录采集训练

新闻节目类视频，涉及政治、经济、法律、时事等内容，相对比较简单，虽然播音主持人语速较快，但发音非常准确、清晰，是学习视频速录采集入门素材的首选。

【训练情景】

教师找到由中央纪委国家监委宣传部联合中央广播电视总台摄制的纪实专题片《国家监察》，作为新闻节目类视频速录采集训练素材。

【训练步骤】

1）将新闻节目类视频文件传至计算机。

2）将速录机与计算机连接好并调试正常，提前建立视频速录采集文件保存路径的文件夹。

3）使用普通视频播放器将新闻节目打开，并提前将播放器热键设置好。

4）打开速录打字系统进行速录采集。

5）在速录采集过程中出现的一些人名、地名、专有名词，可上网查询，如果查不出，可做相应标注，如"××（音）"；或者标注清楚时间码，如"……（01：25：36）"；对于节目中个别人单独出镜阐述某些观点时，偶尔会遇到一些听辨起来存在歧义或个别晦涩难懂的词汇，除联系上下文意思外，还可根据节目视频画面人物的神情、肢体动作等进行判断真实语义表达。

6）速录采集完成后保存文件。

7）进行二次校对，保存后放入 Word 文件中进行排版保存。

特别提醒

在速录采集过程中对于听不清、听不懂或者同音词的位置，除做时间码或者标注"××（音）"以外，均可同时添加"……"，以方便二次校对时快速查找"……"定位到需要再次核对、补充、确认的位置。

知识链接

音视频速录采集常见问题处理方法

（一）音频速录采集的三种记录方式

第一种：精确记录，一字不落地记录讲话内容，只去除重复的语气助词。

第二种：编辑、修订，主要去除口头禅、重复语句、准备不充分导致的语气助词和半句话，纠正少量的语法问题。

第三种：意译、改述，从易读性的角度进行录入，去除不重要的、非本质的内容。

（二）一般细节处理方法

1）在速录采集过程中注意记录完整、合理应用标点符号、段落清晰、断句准确。可适当根据"首先""其次"或较明显的分节点，或结合PPT来进行文章层级划分。例如：按照"一、（一）、1.、（1）、①"标题等级划分。

2）如果使用语音伴侣软件，应使用"添加"状态记录，以确保校对重听时定位准确。

3）对于听不清楚的部分要有标记。

如果使用语音伴侣软件，可用"……"做标记，便于二校时定位修改；如果用一般播放器，某个点听不清的标注一个时间码，如"（00:13:56）"。若是某一段听不清的标注起止时间码，如"（00:13:56—00:18:20）"。

4）对于在记录过程中出现的一些人名、地名、专有名词，可上网查询，如果查不出，可做相应标注，如"××（音）"；或者标注清楚时间码。

5）记录发言人的讲话时，要在发言人名字后面加冒号（:）。为了方便记录，在进行自定义时，通常也会把冒号（:）作为自定义的一部分定义进去。例如，"张三:"一起自定义。

6）语无伦次、语序颠倒的句子。

对于语无伦次、语序颠倒的句子一般整理成书面用语，把语序调整好；如果是总结整理，不能丢句子，而要涵盖重点，去掉废话；如果遇到特殊要求，需保持原汁原味，如一些口述原话、个人传记等。要保持讲话人讲话内容的原意和风格，不能单纯为了语句通顺而使其原意和风格受到影响。

7）半句话处理。

一般速记公司要求，录入上半句话后加省略号（……），表示未完；或能够联系上下文内容揣测出后半句话意思的，给其填充完整；若半句话无关紧要的，可直接删除。

8）语气词处理。

在速录采集过程中应尽量去掉语气词，如口头禅"这个""那个"，语气后缀"啊""呀"等。除非在不添加的情况下显得文字太过生硬，再适当添加。

9）数字核对。

数字的正确性非常关键，速录采集完成的文稿一定要再次对数字进行核对。特殊情况出现如：有一些发言人，可能由于口误说错数字，应联系上下文或参考 PPT 等文字资料，结合具体语境、内容去判断，若有错，速录人员应自动校正，不能以发言人所说的为准。

【拓展训练】

请教师准备一段新闻节目类视频，让学生根据本节所学的知识进行实际速录采集，并要求小组成员之间互相监督，确认速录采集流程的正确性。在完成成稿后，小组成员之间相互点评速录采集流程及稿件排版情况，最后总结此次速录采集中出现的问题。

【学习评价】

填写学习评价表，如表 2-2-2 所示。

表 2-2-2　学习评价表

考核知识点	考核标准	分值	自评分	小组评分	综合得分
视频速录采集准备	正确选择并设置视频播放器	15			
	能将视频文件传至计算机	15			
	正确连接速录设备与计算机	20			
视频速录采集过程	正确播放视频文件	10			
	完成视频文件速录采集	30			
	文件校对、排版与保存	10			
总分		100			
教师指导意见					

三、宣传纪录片类视频速录采集训练

宣传纪录片类视频虽然语言规范，但相对新闻节目类视频，其涉及的词汇和内容更广泛多样，且经常出现一些创新创意类语句，要想更好地进行速录采集，则需要速录人员具有更高的视频速录采集综合能力，这也是视频速录采集进阶训练的必经阶段。

【训练情景】

本校刚刚完成了学校宣传纪录片的拍摄工作，需要速录班的学生对片子的内容进行速录采集工作，形成文稿供后期视频制作团队使用。

【训练步骤】

1）将宣传纪录片视频文件传至计算机，由于是刚刚拍摄完成的初片，可使用降噪软件对其进行降噪处理。

2）连接好速录机与计算机并调试正常。

3）使用普通播放器播放宣传纪录片视频文件或通过音视频处理软件分离出 WAV 格式的音频文件；或使用语音伴侣软件均可。

4）在速录采集过程中，可随时对一些词库不存在的创新词汇进行词库编辑添加；遇到校长或教师出镜讲话的部分，一般要去掉语气词进行记录，个别语序存在问题或半句话的，需整理通顺并补充完整意思表示。

5）速录采集完成后保存文件。

6）进行二次校对，保存后放入 Word 文件中进行排版保存，并提交后期视频制作团队供其参考使用。

特别提醒

文稿二次校对时，可直接放入 Word 文件中，使用"工具"中的"拼写和语法"功能，可以快速将可能存在问题的语句、词汇做出下划线标识，以方便快速校对。

知识链接

音视频速录采集流程

（一）设备连接准备

1）如应用语音伴侣软件进行音频速录采集，除了把速录机与计算机连接好外，还必须连接语音伴侣专用声卡，并调试语音伴侣软件，音频文件格式必须为 WAV 格式，若不是此格式，可通过音视频编辑器来实现。

如果想用语音伴侣软件进行视频速录采集，则需要通过音视频编辑器，将视频转换为 WAV 格式的音频。

2）如应用一般播放器进行音视频速录采集，则应将对应播放器进行热键设置，方便速录机控制播放器。

（二）建立音视频文件专用文件夹

1）将要速录采集的音视频文件进行下载，并保存在提前建好的专用文件夹中。打开语音伴侣软件或亚伟速录专用文字处理系统，另存到建好的专用文件夹中。

提前建立专用文件夹以及在速录采集之前就先把文件进行另存，是为了尽量避免在速录采集过程中出现文件丢失现象，以方便查找和查看所有文件。

2）专用文件夹一般命名为"录音/音频资料"或以日期命名，名字方便查找即可。速录采集文字文件命名要求与音视频文件名一致，以方便准确定位文字与音视频的对应关系。

（三）了解音视频大体内容

1）如有客户提供相关内容资料的，应先浏览资料，针对资料中出现的高频内容或词组，应提前进行造词或自定义等准备。

2）如仅有音视频资料，建议先选取几个节点，每个节点听几分钟。首先可以大致了解整个音视频的音质是否清晰，然后通过几个节点讲话内容判断整个音视频的大致情况，包括音质是否清晰、什么形式的讲话、什么领域的内容等。提前做到心中有数，以便于后续更清楚地听辨。

（四）正式速录采集过程

1）对于音视频较短的（一个小时以内），建议全部听打完成一遍后，再将第一遍中遗留的听不清或不确定的专有名词等，集中借助网络进行解决。

2）对于音视频较长的（一个半小时以上），建议前半个小时先大体听打完一遍，然后集中借助网络解决听不懂的词汇，后续再听打遇到专业词汇时应及时通过网络搜索确认。

前半个小时先大体听主要是为了尽快掌握音视频讲解的大体内容，当大体内容摸清楚后，很多听不清或听不懂的地方自然而然就明白了、理顺了。后续再听，及时搜索确认主要是为了听打起来更加顺畅，不用再去查找确认一些关键字词。若音视频比较长，从头听到尾都处于懵的状态，不但会影响第一遍速录采集的速度，而且会影响第二遍的校核。

（五）速录采集结束后的收尾工作

1）音视频资料速录采集成文后，应先进行校对（校对过程中也要习惯性地进行实时保存 XWU:XZ）。校对后的成稿放入 Word 文件中进行排版，没有特殊要求的情况下，按照一般排版格式：标题字体宋体、三号加粗；正文字体宋体、小四号；页边距左为 3cm、上下均为 2cm；行间距为 1.5 倍。

2）总结此次速录采集过程中出现的生僻词，调整个人词库；总结难点及相关录入技巧等。

【拓展训练】

请学生收集不同企业的宣传纪录片或自己感兴趣的纪录片，在小组中进行分享，同时试着在小组间配合着来制作这些视频文件的速录文稿，并总结生僻字词。

【学习评价】

填写学习评价表，如表 2-2-3 所示。

表 2-2-3　学习评价表

考核知识点	考核标准	分值	自评分	小组评分	综合得分
音视频速录采集流程	正确说出设备连接准备的不同形式	25			
	正确说出建立音视频专用文件夹的目的	25			
	正确说出速录采集音视频的过程	25			
	正确说出速录采集结束后的收尾工作	25			
总分		100			
教师指导意见					

综合训练二

（一）看打录入练习

下面这篇短文共 1682 个字，用亚伟码反复规范地看打，要求在 12 分 1 秒内完成看打录入（140 字/分），并且准确率在 98% 以上。

数字在应用文撰写过程中使用频率较高。我国通用的数字包括阿拉伯数字和汉字数字两种。两种表示方式在运用时有不同的规范性要求。

（1）选用阿拉伯数字的情况

1）用于计量的数字。在使用数字进行计量的场合，为达到醒目、易于辨识的效果，应采用阿拉伯数字。例如：-125.03；34.05%；63%~68%；1：500；97/108。

2）当数值伴随有计量单位时，如长度、容积、面积、体积、质量、温度、经纬度、音量、频率等，特别是当计量单位以字母表达时，应采用阿拉伯数字。例如：523.56km（523.56 千米）；5.34m^2（5.34 平方米）；605g（605 克）；34~39℃（34~39 摄氏度）。

3）用于编号的数字。在使用数字进行编号的场合，为达到醒目、易于辨识的效果，应采用阿拉伯数字。例如：电话号码：98888；通信地址：北京市海淀区复兴路 11 号；电子邮件地址：x186@186.net；网页地址：http://127.0.0.1；汽车号牌：京 A00001；公交车号：302 路公交车；道路编号：101 国道；公文编号：国办发〔2022〕9 号；图书编号：ISBN 978-7-80184-224-4；刊物编号：CN11-1399；章节编号：4.1.2；产品型号：PH-3000 型计算机；产品序列号：C84XB-JYVFD-P7HC4-6XKRJ-7M6XH。

4）已定型的含阿拉伯数字的词语。现代社会生活中出现的事物、现象、事件，其名称的书写形式中包含阿拉伯数字，已经广泛使用而稳定下来，应采用阿拉伯数字。例如：5G 手机；G20 峰会；维生素 B12；95 号汽油。

（2）选用汉字数字的情况

1）非公历纪年。干支纪年、农历月日、历史朝代纪年及其他传统上采用汉字形式的非公历纪年等，应采用汉字数字。例如，正月初五；秦文公四十四年。

2）概数。数字连用表示的概数、含"几"的概数，应采用汉字数字。例如：三四个月；五六万套；几万分之一。

3）已定型的含汉字数字的词语。汉语中长期使用已经稳定下来的包含汉字数字形式的词语，应采用汉字数字。例如：万一；四书五经；星期五；五四运动；"一·二八"事变。

（3）选用阿拉伯数字与汉字数字均可的情况

1）如果表达计量或编号所需要用到的数字个数不多，选择汉字数字还是阿拉伯数字在书写的简洁性和辨识的清晰性两方面没有明显差异时，两种形式均可使用。例如，

17 号楼（十七号楼）；3 倍（三倍）；第 5 个工作日（第五个工作日）；100 多件（一百多件）；约 300 人（约三百人）；第 25 页（第二十五页）；第 4 季度（第四季度）；0.5（零点五）；120 周年（一百二十周年）；1/3（三分之一）；公元前 8 世纪（公元前八世纪）；20 世纪 80 年代（二十世纪八十年代）；1997 年 7 月 1 日（一九九七年七月一日）；12 天（十二天）。

2）如果要突出简洁醒目的表达效果，应使用阿拉伯数字；如果要突出庄重典雅的表达效果，应使用汉字数字。例如，北京时间 2022 年 2 月 22 日 22 时 22 分；十三届全国人大五次会议（不写为"13 届全国人大 5 次会议"）；六方会谈（不写为"6 方会谈"）。

3）在同一场合出现的数字，应遵循"同类别同形式"原则来选择数字的书写形式。如果两数字的表达功能类别相同（比如都是表达年月日时间的数字），或者两数字在上下文中所处的层级相同（比如文章目录中同级标题的编号），应选用相同的形式。反之，如果两数字的表达功能不同，或所处层级不同，可以选用不同的形式。应避免相邻的两个阿拉伯数字造成歧义的情况。有法律效力的文件、公告文件或财务文件中可同时采用汉字数字和阿拉伯数字。

（4）其他需要注意的问题

1）尾数有多个零的整数值的写法，可改写为以万、亿作单位。例如，345 000 000 可写成 34500 万或 3.45 亿，但不能写成 3 亿 4 千 5 百万。

2）用阿拉伯数字书写的数值不能断开移行。

3）用阿拉伯数字表示数值的范围时，使用一字线"—"或浪纹线"~"连接。

4）公文中的结构层次序数，要段落分明，前后一致。例如，要求第一层为"一、"，第二层为"（一）"，第三层为"1."，第四层为"（1）"，第五层为"①"。

录入技巧

1）可联词消字定字的：京（师）、型（心）、秦（朝）、约（会）、页（次）、级（别）、整（洁）。

2）单音词须特定的：时（W:XZ）、以（X:I）、号（W:XGAO）、已（W:I）、的（X:D）、几（W:GI）、倍（W:BE）、件（W:GINA）。

3）全音码可以捆绑的：应用文、经纬度、摄氏度、通信地址、海淀区、复兴路、公交车、国办发、计算机、序列号、维生素、三四个、分之一、中长期、星期五、简洁性、公元前、次会议、第一层、第二层、第三层、第四层、第五层

4）须在重码提示行中进行选择的：计量（2）、辨识（2）、数值（2）、容积（2）、邮件（7）、地址（4）、网页（2）、事件（3）、公历（5）、纪年（2）、干支（3）、概数（2）、世纪（2）、歧义（9）、尾数（3）、序数（3）。

5）可以造词的：两种、市、浪纹线、一致。

6）须分开单击的：反\之。

（二）看打录入小测

下面这篇短文共 1450 个字，用亚伟码反复规范地看打，要求在 10 分 22 秒内完成看打录入（140 字/分），并且准确率在 98%以上。

通知适用于发布、传达、要求下级机关执行和有关单位周知或者执行的事项，批转、转发公文。通知既可以用来传达上级的指示、精神、要求，又可以用来布置工作、召开会议、任免人员等，是公务文书中使用范围最为广泛、频率最高、时效性较强的文种。

通知的种类很多，按其作用不同，一般分为以下几种。

（1）知照性通知

知照性通知主要用于传达下级机关或不相隶属单位周知的事项。一般包括会议通知、任免通知、事务性通知 3 种。

1）会议通知。它是指为了保证会议能如期举行，提前通知有关单位或部门召开相关会议，并要求其做好相应的准备。会议通知是工作中最为常用的一种。例如，《教育部办公厅关于召开 2020 年全国教育信息化工作会议的通知》就属于会议通知。

2）任免通知。专门用来做出人事调整、聘任、任免有关人员。任免通知只须告知相关结果，无须处理。一般语言严谨、篇幅较短。例如，《中共教育部党组关于宋××同志职务任免的通知》就属于任免通知。

3）事务性通知。它主要用来告知机构名称变更、公交线路改道、假期调整、办公地址变更等事项。事务性通知内容相对简单，只须将事情说清楚即可。例如，《教育部办公厅关于成立全国学校预防艾滋病教育专家组的通知》就属于事务性通知。

（2）执行性通知

执行性通知主要用于下级或有关单位按照上级的指示和要求，在规定的时限内办理和执行相关的事项，具有非常强的约束力和执行性。例如，《农业农村部办公厅关于做好 2021 年高素质农民培育工作的通知》就属于执行性通知。

（3）转发性通知

转发性通知主要用于转发来自上级或不相隶属单位的公文，并要求下级结合自己的情况，认真贯彻落实。例如，《浙江省应急管理厅转发国家矿山安全监察局关于加强汛期矿山安全生产工作的通知》就属于转发性通知。

（4）批转性通知

批转性通知主要用于批转下级机关的来文，并在明确批示的基础上，要求下级结合自己的实际情况贯彻执行。例如，《桐乡市人民政府办公室批转市财政局市粮食局关于桐乡市政策性粮油补贴暂行办法的通知》就属于批转性通知。

（5）印发性通知

印发性通知主要是发布相关的行政法规与规章，印发本机关或与其他机关联合制定的公文，要求下级遵照执行。例如，《国家卫生健康委办公厅等 6 部门关于印发儿童青少年肥胖防控实施方案的通知》就属于印发性通知。

通知写作注意事项：

通知的标题如果较长，可以分一行或多行排布、居中，但须注意词意完整、排列对称，呈菱形或梯形。需要注意的是：转发性、批转性、印发性通知的标题不要出现层层套转，如"通知的通知"。

主送单位一般用泛称，如"各部门"，不能直接给主要负责人行文。如果有多个主送单位，需要用顿号、逗号隔开，回行时仍须顶格，加全角冒号。例如，"各省、自治区、直辖市人民政府，国务院各部委、各直属机构"。

通知的内容应避免过长，语言要求精练、严谨，可以根据需要选择条款式或段落式。有的通知还须考虑附件说明，如会议通知的会议回执、批转（转发、印发）性通知的正式文件等。

会议通知事项写作时需要区分大小规模。小型会议一般需要写明会议时间、会议地点、参加人员、会议内容、会议要求等；大型会议除了需要交代以上内容外，还需要告知会议议程、准备材料、食宿交通安排、报销等事宜。内容须明确具体、安排妥当、条理分明。

通知的结尾应视具体情况而定，有的需要提出希望和要求，如执行性通知、转发性通知、批转性通知等；有的可以自然收尾，如事务性通知、任免通知等。

落款处写上发文单位名称和成文时间。发文单位名称用全称，不使用简称、略称，成文时间中的年、月、日要写全，用阿拉伯数字标注。

录入技巧

1）可联词消字定字的：既（是）、相（关）、指（出）、部（门）、厅（堂）、呈（现）、主（要）送、回（来）、式（子）、视（察）、称（呼）。

2）单音词须特定的：和（X:XG）、又（XW:IEO）、加（X:GIA）、种（W:ZUEO）、时（W:XZ）、各（X:G）、处（XW:BZU）、即（XW:GI）。

3）全音码可以捆绑的：适用于、时效性、事务性、教育部、办公厅、信息化、说清楚、艾滋病、专家组、约束力、高素质、监察局、桐乡市、财政局、粮食局、青少年、自治区、直辖市、直属机构、等事宜。

4）须在重码提示行中进行选择的：下级（2）、转发（2）、通知（3）、指示（3）、文种（3）、几种（4）、知照（2）、如期（2）、人事（3）、只需（2）、告知（2）、严谨（3）、职务（3）、时限（5）、梯形（3）、印发（2）、制定（2）、防控（3）、实施（2）、写作（2）、居中（3）、泛称（3）、部委（2）、附件（2）、回执（3）、食宿（4）、条理（2）、收尾（4）、发文（3）、全称（2）、不使用（3）、简称（2）。

5）可以造词的：排布、顶格、各省。

6）须分开单击的：较\强、按\其、强\的、较\长、但\需、多\个、过\长、写\上。

（三）听打录入练习

下面这篇短文共 1489 个字，请教师录制音频并播放，学生用亚伟码反复规范地听打，要求在 10 分 38 秒内完成听打录入（140 字/分），并且准确率在 98% 以上。

通报是上级用来宣传先进事迹、推广经验、批评错误行为和不良风气、传达重要精神和情况的知照性公文，是使用广泛的下行文。它适用于表彰先进、批评错误、传达重要精神和告知重要情况。它具有典型性、权威性、真实性、时效性的特点。

根据性质、作用不同，通报一般分为以下 3 种。

（1）表彰性通报

表彰性通报主要用于表彰具有突出贡献的先进单位或先进个人，从而树立榜样、宣传先进思想、推广经验、激励人们积极工作。例如，《关于表彰市直教育系统 2020 年度优秀教师和优秀教育工作者的通报》就属于表彰性通报。

（2）批评性通报

批评性通报主要用于批评出现严重违纪违法行为的单位或个人，从而揭露问题、总结教训、提高人们的认识，防止类似事件的再次发生。例如，《河源市教育局关于××县第×实验学校违规强迫学生填报志愿的批评通报》就属于批评性通报。

（3）情况通报

情况通报主要用于向下级单位传达重要的会议精神、指示精神，告知重要情况，从而介绍经验教训、交流工作情况，引起下级高度重视，以更好地推进工作。例如，《沈阳市旅游局关于第三季度旅游投诉与市场检查情况的通报》就属于情况通报。

通报写作注意事项：

1）通报的标题一般由发文单位、事由、文种组成，可省略发文单位，但一般不能直接以文种"通报"作为标题。

2）通报的主送单位可以是一个或多个。如果主送单位较多，一般用泛称，并用顿号、逗号隔开，有时也可不写。

3）通报的写作材料必须典型、真实。通报的写作无论是先进事迹、错误教训，还是情况传达，都应调查核实，用事实、数据说话，这样才能引起重视或警惕。

4）通报的评析必须客观中肯、恰如其分，不能夸大其词，决定要求要有针对性，不能泛泛而谈。

5）通报以概括性叙述为主，辅之适当的议论。文字表述要简略得当、用词准确，具有说服力。

6）通报的行文要及时、适时，以更好地指导下级工作，起到教育的作用。

应用文写作最主要的表达方式是叙述和说明，议论居于从属地位，一般只是在叙述、说明的基础上进行。运用议论应庄重，对任何事物的评价要实事求是，以理服人；还应注意要简洁明快、直截了当地阐明观点，不拐弯抹角，不回避矛盾。

由于受文书文体特点和写作目的的制约，文书语言的表达方式主要为叙述、说明和议论。这是因为文书的内容主要是传达贯彻党和国家的方针政策，发布法规和规章，请示和答复问题，指导、布置和商洽工作，报告情况、交流信息等，其目的在于简明、清晰、准确地表达意图，并非审美和传情。

（1）叙述

叙述是应用文写作中最基本、最常用的表达方式，是有次序地叙说、介绍人物经历、言行或事物发展变化过程的表达方式。交代背景、介绍文章涉及的人、单位或事件的基本概况、事物发展变化过程及相互关系，都离不开叙述；为议论提供事实依据，也要用到叙述。完整的叙述包括时间、地点、人物、事件、原因、结果6个要素。例如，报告、请示、通报等文种常用叙述方式。

应用文中记叙事件的发展过程、介绍单位的基本情况，一般都是按时间先后来进行叙述，倒叙、插叙、分叙等形式用得较少。

（2）说明

说明是用简明扼要的文字，对客观事物或事理的状态、性质、特点、功能、成因、关系、功用等属性，加以客观解释和介绍的表达方式。说明在应用文中使用广泛，如介绍信、商品广告等文种主要是用说明的方法来写作；经济合同、起诉状也常常借助说明的方法解释、剖析事理。

（3）议论

议论是运用事实材料和理论材料进行逻辑推理、阐明观点的一种表达方式。它的主要特点是证明性，即通过摆事实、讲道理，证明自己的观点正确或驳斥对方的观点错误。

在应用文写作中，调查报告、工作总结、通报等文种，经常在叙述事实、说明情况的基础上，表明对人物、事件、问题的评价。

录入技巧

1）可联词消字定字的：文（化）、市（尺）、直（接）、主（要）、辅（助）、词（语）、记叙（文）。

2）单音词须特定的：种（W:ZUEO）、以（X:I）、由（W:IEO）、或（W:XGO）。

3）全音码可以捆绑的：先进事迹、适用于、典型性、权威性、真实性、时效性、工作者、河源市、填报志愿、指示精神、更好地、简洁明快、应用文。

4）须在重码提示行中进行选择的：通报（2）、告知（2）、知照（2）、激励（3）、事件（3）、写作（2）、发文（3）、事由（2）、文种（3）、泛称（3）、核实（3）、警惕（2）、评析（4）、适时（5）、居于（2）、文体（2）、请示（2）、人物（2）、用得（2）、事理（8）。

5）可以造词的：违纪违法、指导、较少。

6）须分开单击的：向\下级、不\写、要\及时、用\到。

（四）听打录入小测

下面这篇短文共 1272 个字，请教师录制音频并播放，学生用亚伟码反复规范地听打，要求在 9 分 5 秒内完成听打录入（140 字/分），并且准确率在 98% 以上。

1. 关于表达方法

表达方式，即古人所称的"笔法"，是指撰写文章采用的具体表述方法和形式，是文章中反映客观事物的方式和手段。具体地说，它是文章中那些表情达意的基本方式方法，主要有叙述、说明、议论、描写和抒情5种等。

2. 报告的概念与类型

报告适用于向上级机关汇报工作、反映情况，回复上级机关的询问。它是下级机关取得上级理解、支持、指导的重要途径，是基层党政机关广泛使用的重要、典型的上行文。它具有陈述性、单向性、客观性、事后性的特点。

（1）根据内容、要求分类

根据内容、要求不同，报告可分为工作报告、情况报告、答复报告。

1）工作报告。它是下级机关定期或不定期地向上级汇报工作开展情况，及时总结经验和教训，提出下一阶段工作设想的陈述性公文。例如，《江苏省2020年政府信息公开工作年度报告》就属于工作报告。

2）情况报告。它是下级机关向上级机关及时反映本地区、本单位发生的重大、突发事件情况，或是发现的新动态、新问题、新现象的公文，具有很强的突发性、时效性、灵活性。例如，《花都区人社局关于对建筑工程领域实施涉黑涉恶等有组织违法犯罪开展专项整治情况的报告》就属于情况报告。

3）答复报告。它是下级机关针对上级的垂询，做出相应回复的公文，具有较强的针对性、被动性。例如，《十堰安监局关于对省局两次信访交办查处情况的报告》就属于答复报告。

（2）根据性质分类

根据性质不同，报告可分为专题报告、综合报告。

1）专题报告。它是下级机关针对管辖范围内的某项工作、某一问题、某一方面情况及时、主动向上级汇报，使上级能在第一时间掌握信息、了解情况的公文，具有专项性、单一性。例如，情况报告就属于专题报告。

2）综合报告。它是下级机关向上级汇报本地区或本单位全方面或多方面的工作，让上级能全面了解下级的工作开展情况的公文，具有综合性、整体性。例如，工作报告就属于综合报告。

3. 报告写作注意事项

1）报告的标题一般由发文单位、事由、文种组成，也可省略发文单位，但不能直接以文种"报告"行文，可在文种前加上"紧急"等字样。

2）主送单位一般是直接隶属上级或业务主管部门。原则上只写一个主送单位，如果有需要，可以同时抄送给相关机关，但不能抄送给下级。

3）报告的开头有多种写法，如背景式、依据式、目的式、叙述式等，可以根据报告的类型，灵活选择。

4）报告的主体写法也有多种，常见的有总结式和问题式两种。总结式采用"工作情况+成绩经验+问题不足+下一阶段的打算"的结构展开，问题式采用"情况说明+原因分析+经验教训+措施意见"结构，不同的情况适用不同的主体结构。

5）报告结尾一般采用惯用结束语，如"特此报告""专此报告""以上报告，请审阅"等。

6）报告的内容要做到条理清晰、层次分明、重点突出、详略得当，观点提炼准确，材料客观到位。

7）报告写作要真实、及时。报告的写作要做到深入调查，实事求是，既要写成绩，也要写问题，数据、材料真实，还要讲究时效性，保证上级能在第一时间掌握最新的、最真实的情况。

8）报告中不能夹带请示事项。报告是单向性的，不需要上级给出答复，如有夹带，会贻误时机，应另写一份请示。

录入技巧

1）可联词消字定字的：文（化）、十堰（市）、局（部）、性（格）、主（要）、（格）式、专（门）、请（客）、既（是）。

2）单音词须特定的：即（XW:GI）、省（XW:XZEN）、使（X:XZ）、由（W:IEO）、只（W:Z）、请（X:XGING）

3）全音码可以捆绑的：具体地说、适用于、单向性、突发事件、安监局、查处情况、可分为、结束语、真实的、贻误时机。

4）须在提示行中进行选择的：达意（6）、回复（2）、做出（2）、较强（2）、信访（3）、交办（4）、写作（2）、发文（3）、文种（3）、背景（2）、主体（2）、适用（2）、条理（2）、真实（2）、请示（2）。

5）可以造词的：所称、指导、人社局、涉黑涉恶、也可。

6）须分开单击的：事物\的、要\写。

任务三　字幕速录训练

❀【学习目标】

1）掌握字幕速录的工作流程。

2）熟悉影视剧字幕制作过程。

3）了解字幕文件的格式及制作方法。

4）通过反复训练，能够达到150字/分以上的录入速度。

一、字幕速录工作流程

字幕速录工作，就是将语言转化为文字用于制作字幕。因此，需要进一步提高录入速度和准确率。此外，字幕不同于会议记录，字幕有一定的制作要求。因此，有必要掌握字幕速录的工作流程。

❦【学习步骤】

掌握字幕速录的工作流程。

步骤1： 根据教材内容掌握字幕速录的格式要求及工作流程。

步骤2： 结合理论，观察电视节目中的字幕格式及特征，并进行实际操作。

1. 字幕速录的说明

字幕是指以文字形式显示电视、电影、舞台作品中的对话等非影像内容，也泛指影视作品后期加工的文字。由于很多字词同音，将节目中的语音内容以字幕方式显示，可以帮助听力较弱的观众理解节目内容。另外，在我国，不同地区语言的发音差别很大，但文字写法差异并不大，看到文字后人们大都能理解。

字幕也用于翻译外语节目，让不懂外语的观众，既能听原作品的外语原声，又能通过字幕理解节目内容。

2. 字幕速录的格式要求

1）字幕中没有标点符号，需要断句的地方可以用空格来代替。

特殊说明：速录机中的空格键为":X"，所空出的字符数为两个，每次空格后需回删一次，才能与标准键盘空格字符数一致。如此反复操作非常麻烦，可以巧用速录机的自定义功能，把":X"定义为空半格，即与标准键盘空格字符数一致。

在特殊情况下，如需要强调语气或者引用法律条例等时，可以适当使用标点符号"？""！""《》"等；外国人名或少数民族人名中出现的分隔符"·"也可以照常使用，如"比尔·盖茨"等。

2）每行字数最多不超过13个字（含空格）。

字幕每行均顶格，字数一般不超过13个字。需要注意的是，一定要保持每一行意思的完整性。

建议将亚伟中文速录机截面缩小至每行可容纳13个字的宽度，方便判断每行字数是否超出范围，如有少量超出，应尽量在保持句子完整的前提下，再进行拆分。

受限于每行不超过13个字的要求，总要换行，一定要注意行首、行尾不空格，以免出现不必要的麻烦。

换行快捷键可使用左手顶格换行码"XBW:"或相当于Enter键的"XNA:G"来操作，这主要看个人习惯。

不同的人说话，都要单独占一行，即使只有一个字，也要单独占一行。

3）提交文稿格式扩展名为.txt。

不同于一般的音视频文件速录采集，字幕速录一般最终提交的文本文档扩展名为.txt。如果客户有特殊要求的，也可能会出现其他格式。

4）字幕的正确率要求100%。

字幕要求零错误率，所以字幕不同于一般音视频文件速录采集，其校对环节必不可少。

3. 字幕速录工作流程说明

字幕速录工作流程主要有两大方面：形成初稿和文稿校对（1～2次）。

1）形成初稿。按照字幕速录格式要求，形成每行不超过13个字且不带任何标点符号的初稿，每行文字顶格打，前面不留空格。

2）文稿校对（1~2次）。为了确保字幕文稿100%的正确率，校对环节必不可少。

在校对过程中，主要对错字、别字、同音字进行纠正，同时对格式进行检查，如是否打上标点符号以及每行是否超过13个字。初学者需要进行两次或两次以上的校对，以保证文稿的正确率，也可以在同学之间交叉校对。

知识链接

字幕的相关规定

2012年8月1日起施行的《无障碍环境建设条例》（国务院令第622号）第二十一条规定："设区的市级以上人民政府设立的电视台应当创造条件，在播出电视节目时需配备字幕，每周播放至少一次配播手语的新闻节目。公开出版发行的影视类录像制品应当配备字幕。"将节目的语音内容以字幕方式显示，可以帮助听力较弱的观众理解节目内容。另外，在我国，不同地区语言的发音差别很大，但文字写法的差异并不大，看到文字后人们大都能够理解。

【拓展训练】

请教师找一段影视剧资料，若有配好的字幕可将视频转化为音频；再分发给学生进行字幕速录；然后小组成员之间互换成稿，主要观察字幕格式是否有错；最后总结本次训练中容易出现的问题及难点。

【学习评价】

填写学习评价表，如表2-3-1所示。

表2-3-1　学习评价表

考核知识点	考核标准	分值	自评分	小组评分	综合得分
字幕速录格式要求及工作流程	正确说出字幕每行最多不超过多少个字	25			
	正确说出字幕速录对正确率的要求	25			
	正确说出字幕中对标点符号的要求	25			
	正确说出字幕速录的工作流程	25			
总分		100			
教师指导意见					

二、影视剧字幕速录训练

影视剧字幕速录完全符合字幕速录的一般格式与要求，也是实际工作中接触较多的字幕速录工作。

🌸 **【训练情景】** --

教师找出自己曾经参与制作字幕的一部影视剧文件，然后将学生分组，进行字幕速录训练。

🌷 **【训练步骤】** --

1）教师把影视剧的剧本及每组分工好的影视剧剧集分发给每个人。

2）首先阅读剧本，了解剧集大体内容；然后根据剧本，对人物名称、高频词汇进行词库编辑，以方便后续使用。

3）在开始正式字幕速录前，可将亚伟打字系统宽度调整为 13 个字的宽度。

4）影视剧文件可能呈现的不同形式及速录采集方法如下。

① 仅有现场拍摄时录制好的音频文件，音质较差且存在杂音。

速录采集方法：先使用相关软件对音频文件进行降噪处理；音质较差处实在听不清的，可结合剧本录入或标注时间码。

② 仅音频文件，是后期配音好的声音，音质很好。

速录采集方法：可根据个人习惯选择使用普通音视频播放器或者语音伴侣软件进行整理。

③ 现场拍摄直接收音的视频文件，音质较差且存在杂音。

速录采集方法：使用相关软件对其进行降噪处理；音质较差处实在听不清的，可根据演员动作画面，结合剧本进行录入或标注时间码。

④ 经过后期配音制作后的视频文件，只差字幕即为成片。

速录采集方法：可根据个人习惯使用普通视频播放软件，或者转换为 WAV 格式音频文件，使用语音伴侣软件进行整理。

5）速录采集过程中随时与小组保持沟通，确保整个影视剧字幕制作中需要统一的地方得到统一。

6）速录采集完成后保存至 .txt 的文本文件中，按照自己所分配的剧集进行命名。

🌷 **特别提醒**

1）当一部影视剧字幕由多人分组完成时，小组的每个成员应当多进行沟通与交流，从而保证每部影视剧在字幕制作中需要统一的地方得到统一。

2）影视剧中的人物名称，每个人物一般会存在三种称呼：不熟悉的人之间称呼全名；熟悉的人之间称呼去掉姓氏；亲密的人之间称呼昵称。

三种称呼可分别按照出现频率或个人使用习惯，合理分配在快捷键栏、造词、自定义中，以方便使用。

3）影视剧的文件名，建议用 1j、2j、3j……来进行标注，比较规范统一、清晰明了。不要随意取文件名，以免太乱。

知识链接

字幕速录特殊情况的处理方法

1. 数字处理

一般情况下用汉字（中文小写数字）形式表达。

特殊情况：年月日（如：2021 年 2 月 5 日），特别代号（如：007，代号 21 行动）以及电话号码（如：1336683****），一组数字（如：12345678……）等长数列用阿拉伯数字形式。需要特别注意的有：部队番号（如：一〇一团等）、专有名词（O2O、B2C 等）、项目编号（SK=Ⅱ等）等。

2. 儿化音处理

1）指代地点方位。例如："这儿""那儿"。

2）不带儿化音产生歧义的。例如："没门儿""头儿"等。

3）词条本身的固定用法。例如："一会儿""玩意儿"等。

其他情况下，原则上不带儿化音。例如："一点'儿'""这件事'儿'"等。

3. 语气词处理

句首语气词一律不要，句中语气词酌情添加，句末语气词必须准确添加。需要特别区分的语气词有："啊""呀""呢""哪""了""啦"等。方言剧中的语气词，请根据具体情况酌情处理。

特殊情况：打电话中的"喂"、打招呼的"嗨"都属于前句首语气词，但都要打出来。

4. 群杂处理

1）照顾画内音，忽略画外音。也就是说，当背景歌曲和人物声音同时出现时，只打人物说的话。

2）照顾主人物，忽略背景音。也就是说，当场面比较混乱、多个人物同时说话时，以主角人物说的话为准，来进行字幕速录。

3）在有背景歌曲、无人物对白的情况下，歌词必须查证后予以添加。

5. 声音处理

若声音质量出现问题，听不清楚或存在其他问题（如演员口误等）时，应当在文本中出现的位置上简单注明情况，并标注时间码。一般听不清的情况，多听几遍，参照剧本、配音台词本等资料，大多可以解决。

🌸**【拓展训练】** ┈┈┈┈┈┈┈┈┈┈┈┈┈┈┈┈┈┈┈┈┈┈┈┈┈┈┈┈┈┈┈┈┈┈┈

小组之间互相出题，要求每组成员相互协作完成几集影视剧字幕的制作（每集可节选十几分钟做训练，以免每集时间太长，课堂时间不允许）。完成后，小组之间针对字幕速录过程中出现的常见问题，对成品字幕稿件进行逐字逐句检查，若发现问题进行交流讨论。最后总结本次训练中的难点和易错点。

【学习评价】

填写学习评价表，如表 2-3-2 所示。

表 2-3-2　学习评价表

考核知识点	考核标准	分值	自评分	小组评分	综合得分
字幕速录特殊情况处理	正确说出字幕速录中数字的处理方法	25			
	正确说出字幕速录中儿化音的处理方法	25			
	正确说出字幕速录中语气词的处理方法	25			
	正确说出字幕速录中群杂的处理方法	25			
总分		100			
教师指导意见					

三、字幕文件格式

字幕速录仅仅是完成了文字的制作，之后需将文字制作成专业的字幕文件并与视频相结合，才能在播放视频画面的同时显示字幕。因此，了解字幕文件格式，有助于进一步提高字幕制作的工作效率和质量。

【训练情景】

学校举办了以"新时代下的大学生"为主题的演讲比赛，最终进入决赛的只有 8 名学生。此次决赛将面向全校公开演讲，并邀请速录班学生为此次决赛进行大屏幕演讲字幕速录工作。

【学习步骤】

掌握字幕文件格式。

步骤 1：根据教材内容，了解字幕文件的类型及特点。
步骤 2：根据教材内容，掌握 SRT 字幕文件格式。
步骤 3：了解 Aboboo 和 Arctime 两款字幕制作软件的功能。

1. 字幕的类型

（1）"硬"字幕

将字幕内容转换为图形，与视频画面叠加合成在一起，使其成为视频画面的一部分，只要能正常播放视频，就可以看到字幕。通常，自制或定制的视频都采用这种字幕类型。

（2）"软"字幕

将字幕单独存放在字幕文件中，只是在视频播放的时候才叠加，这种字幕不需要编辑视频文件，能够很好地保护视频资源，而且制作相对容易。

2. 字幕文件的类型

（1）图形格式

图形格式字幕文件是把文字转换为图形进行保存。图形格式字幕文件的优点是不会有编码不兼容的问题；缺点是文件体积大，存储与传输相对不便，且图形格式字幕文件制作和修改过程相对复杂。

（2）文本格式

文本格式字幕文件是纯文本文件，有的可以通过特殊的脚本语言对字幕的字体等进行设定。因为是文本格式，所以文件体积较小。

文本格式字幕文件通常有 ASS、SRT、SMI、SSA、SUB 等格式，其中以 SRT 格式为主，因 SRT 格式制作和修改非常简单，所以最为流行。

3. SRT 字幕文件

SRT 字幕文件是纯文本，文件扩展名是.srt，可用"记事本"等文本编辑器打开编辑，方法是：右击文件，在弹出的快捷菜单中执行"打开方式"命令，再单击"记事本"即可（可同时勾选"始终使用此应用打开.srt 文件"复选框，以后再次双击.srt 文件时则会直接启动记事本打开）。

下面请看一段 SRT 字幕文件的内容。

11
00:00:22,160 --> 00:00:25,880
亚伟中文速录机的基本坐姿

14
00:00:30,560 --> 00:00:36,730

眼睛目视前方

19
00:00:45,400 --> 00:00:51,443
手臂自然放松下垂

20
00:00:51,443 --> 00:00:55,640
前臂正常前伸

22
00:00:57,027 --> 00:01:04,800
上身挺直　不哈腰　不死板

23
00:01:04,800 --> 00:01:12,560
可以靠在椅背上

32
00:01:26,920 --> 00:01:31,400
大腿正常平伸

33
00:01:31,720 --> 00:01:33,920
小腿自然下垂

34
00:01:35,000 --> 00:01:39,320
双脚轻触地面

46
00:02:02,360 --> 00:02:06,320
保证速录机水平

63
00:02:38,720 --> 00:02:43,600
速录机和身体保持一拳距离

80
00:03:16,760 --> 00:03:23,400
双手平铺在键盘上

84
00:03:30,400 --> 00:03:34,200
为什么不放在桌子上？

85
00:03:34,480 --> 00:03:41,960
放在大腿上更加自然和舒适

89
00:03:47,880 --> 00:03:52,760
桌子的高矮不一样

104
00:04:20,480 --> 00:04:30,000
坐姿保持自然舒适即可

上述 SRT 字幕文件中，每 3 行为一组，行首顶格，组间用空行隔开。每一组代表一行字幕的信息，包括编号、起止时间和字幕本体等部分。

（1）编号

编号单独占一行，通常是从"1"开始的正整数顺序号。上述文件中编号没有从"1"开始，中间也不连续，经过测试，不正常播放。

（2）起止时间

起止时间单独占一行，表示本行字幕从什么时间开始显示，到什么时间结束。时间码精确到毫秒；时、分、秒以半角冒号隔开，分别用两位数表示；秒与毫秒以半角逗号隔开。

（3）字幕本体

字幕本体就是在屏幕上要显示的内容，另起一行。字幕也可以是多行内容。例如，一行中文，一行英文；比较长的一句话不便分开但一行放不下；两个角色的对话各占一行等。

知识链接

字幕制作软件

字幕文件一定包含时间信息，通常都精确到毫秒，以使字幕信息精准地与声音及画面相匹配。以前，给字幕匹配时间信息的工作叫"打轴"，通常是由人工直接标记在时间轴上，费时费力。现在，有很多软件可以方便地制作字幕文件。下面简单介绍两款字幕制作软件。

1. Aboboo（阿波波）

Aboboo 软件可以自动将音视频文件分隔成多个句子，精确、便捷，省去手工断句的麻烦，而且可以直接制作输出 SRT 格式的字幕文件。每当第一次打开 MP3/电影，Aboboo 即可自动完成断句。如果对断句结果不满意，还可以使用"智能断句"功能重新调整断句，并可通过"背景噪声""句间停顿""最短句长""允许杂音数"等参数的设置使断句更精准。

Aboboo 网站，如图 2-3-1 所示。

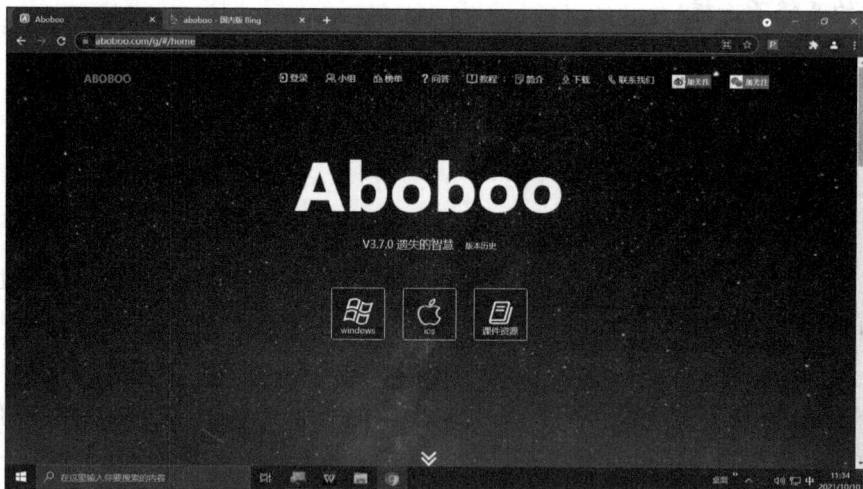

图 2-3-1　Aboboo 网站

---

2. Arctime

Arctime 是一款简单、强大、高效的跨平台字幕制作软件。该软件的最大特点是"全自动语音转写功能（整段语音识别）"。若使用此功能，只要导入视频，就可以全自动根据视频中的语音生成字幕文字和时间轴，一站式完成快速制作。

Arctime 网站，如图 2-3-2 所示。

图 2-3-2 Arctime 网站

【拓展训练】

请学生找一段视频，根据其内容制作一个包含部分字幕的 SRT 文件，使用 Windows 10 自带的视频播放工具，选择该字幕文件，播放视频，观看字幕的显示效果。

【学习评价】

填写学习评价表，如表 2-3-3 所示。

表 2-3-3 学习评价表

考核知识点	考核标准	分值	自评分	小组评分	综合得分
字幕文件类型	正确说出字幕文件的类型	30			
SRT 字幕文件	正确说出 SRT 字幕文件的格式	40			
字幕制作软件	了解 Aboboo 和 Arctime 两款字幕制作软件的功能	30			
总分		100			
教师指导意见					

综合训练三

（一）看打录入练习

下面这篇短文共 1631 个字，用亚伟码反复规范地看打，要求在 10 分 52 秒内完成看打录入（150 字/分），准确率在 98%以上。

1. 请示的概念与类型

请示适用于向上级机关请求指示、批准，是下级机关在遇到无权处理、无力解决、无法执行情况时需要上级主管部门给予指示、帮助的一种文书。它是典型的上行文。

根据性质和目的不同，请示可以分为请求批准性请示和请求指示性请示两种。

请求批准性请示主要适用于两种情况：①针对下级在工作开展中，就某个事项作出决定前，需要征得上级的批准、同意，方可实施，如举办活动、申请基建项目等；②针对下级在工作中遇到人力、物力、财力上的问题，需要上级给予充分的帮助，如增拨经费、人事调动、物资配备等。

请求指示性请示主要适用于 3 种情况：①针对上级传达的有关方针、政策、意见、要求等不明确，需要上级给出具体的解释和说明；②在工作中遇到新情况、新问题时，需要上级给予相应的工作指示；③工作中遇到的超出职能范围的事项时，需要上级给予明确的指示。

2. 请示的特点

超前性。请示必须在事前行文，不能先斩后奏。

单一性。请示必须一文一事，不能一文多事。主送机关有且只有一个，不能多头行文，以免相互推诿、贻误时机。

必复性。请批对应，一请示一批复，请示在前，批复在后。上级单位必须在规定的期限内给予下级明确的答复；否则，视为工作不作为。

3. 请示写作注意事项

请示的标题不能直接以"请示""请示报告"为题，一般不采用"请求""申请"等词语，以免与请示词义上重复。

请示只写一个主送机关，不能多头报送，如有需要，可抄送上级机关或同级机关，但不能抄送下级。

请示不能以个人名义向上级机关行文，也不能直接向上级负责人行文。

请示须逐级请示，一般不能越级请示。如遇特殊情况，可越级处理，但必须同时抄送被越过的上级。

请示的缘由须充分、有说服力，从不同层次将原因说明白，是行文的重点。

请示必须一文一事，不能一文多事。事项须明确、具体，如果内容较多，应分条款说明，这是行文的关键点。

请示一般采用"以上请示当否，请批复""妥否，请批示""当否，请批准"等结束语。

请示的语气应委婉、得体，不能出现"决定""要求""必须"等命令性词语，应采用"拟""希望""恳请"等谦恭性词语。

4. 批复的概念与类型

批复适用于答复下级机关请示事项，是上级机关针对下级的请求给出及时、合理、权威的答复、指示。它是典型的下行文。

根据作用和目的不同，批复可以分为指示性批复和审批性批复两种。

指示性批复主要针对下级在政策执行上的不理解、遇到新情况的无依据、职权范围外的无权限等问题，由上级给予具体解释或明确指示，以便下级顺利开展工作。例如，《最高人民法院关于涉网络知识产权侵权纠纷几个法律适用问题的批复》就属于指示性批复。

审批性批复主要针对下级在工作中遇到人、财、物的困难，或是工作开展程序上的要求，需要上级表明态度、审批事项或是给予帮助。例如，《国务院关于同意设立"中国人民警察节"的批复》就属于审批性批复。

5. 批复的特点

对应性。请批对应，有请示才有批复，谁请示，向谁批复，请示什么，批复什么。

时效性。上级必须在规定的时间内对下级的请示给予答复，逾期不回复的，视作同意。

权威性。批复是上级在充分调查研究政策的基础上给予的答复，代表了上级的权力和意志，具有一定的约束力，批复一旦作出，请示单位必须执行。

明确性。针对下级的请示事项，必须给予态度明确的答复，以便下级机关理解或执行，不能出现含糊不清、模棱两可的表态。

6. 批复写作注意事项

批复不能直接以文种"批复"为标题。审批性批复可在标题中加上表态的词语，如"同意"，但如果不同意，一般不需要在标题中说明。

批复的主送单位一般是唯一的，针对请示的单位给予批复，不能直接给请示单位的负责人行文。

批复的事项应一文一批，不能一文多批。批复的篇幅一般不宜过长，语言精练、简明、准确。

批复的态度要明确，语气肯定，措辞严谨。同意或不同意都要有理有据，尤其是不同意的批复，必须说明不同意的理由。

批复的事项表述不能采用指代形式，如"同意你单位的请示"，应将事项表述准确，尤其是"人名、地点、时间、数额"等关键性要素一定要明确到位。

录入技巧

1）可联词消字定字的：文（书）、人事（部）、事（实）、主（要）、复（杂）、题（目）、需（要）、遇（到）、妥（当）、拟（议）、涉（外）。

2）单音词须特定的：时（W:XZ）、只（W:Z）、以（X:I）、请（X:XGING）、无（X:

U）、由（W:IEO）、代（W:DIO）。

3）全音码可以捆绑的：适用于、说明白、结束语、逾期不、不同意。

4）须在提示行进行选择的：请示（2）、指示（3）、无力（5）、征得（3）、基建（2）、人事（3）、以免（2）、推诿（2）、批复（2）、视为（4）、报送（2）、逐级（6）、越级（3）、缘由（4）、语气（3）、谦恭（2）、权限（2）、回复（2）、同意（3）、意志（3）、文种（3）、不宜（2）、严谨（3）、人名（2）。

5）可以造词的：方可、视作。

6）须分开单击的：在\后、命令\性、审批性\批复、向\谁、可\在、多\批、过\长、应\将。

（二）看打录入小测

下面这篇短文共 1105 个字，用亚伟码反复规范地看打，要求在 7 分 22 秒内完成看打录入（150 字/分），并且准确率在 98%以上。

1. 函的概念与类型

函适用于不相隶属机关之间商洽工作、询问、答复问题、请求批准和答复审批事项，是不相隶属单位之间联络公务、征求意见、沟通信息、询问事项、请求帮助、答复审批的重要工具，具有凭证的作用，是典型的平行文。

根据不同的分类标准，函可以分为不同的类型：按性质的不同，可分为公函、便函；按行文方向的不同，可分为发函、复函；按内容和用途的不同，可分为商洽函、告知函、询问函、请求函、答复函。

1）商洽函。商洽函主要用于不相隶属单位之间商洽公务、联络工作。例如，《梧桐职业学院关于选派财务人员进修事宜的函》就属于商洽函。

2）告知函。告知函主要用于不相隶属单位之间告知相关事宜，互通情况，无须回复。例如，《关于调整非采暖季非居民用天然气销售价格的函》就属于告知函。

3）询问函。询问函主要用于不相隶属单位之间询问相关事宜，需要及时回复。例如，《关于使用新食品原料的产品是否需要标示推荐食用量和不适宜人群的咨询函》就属于询问函。

4）请求函。请求函主要用于向不相隶属的主管部门在有关经费、人事调动、机构设置、程序审批等方面发出请求，希望对方及时给予回复和帮助。例如，《浙江省人民政府关于商请将嘉兴学院南湖学院转设为公办普通本科高校的函》就属于请求函。

5）答复函。答复函主要用于针对不相隶属单位的来函，给予明确的答复。例如，《广东省商务厅关于同意作为"中国智能汽车创新大会"指导单位的复函》就属于答复函。

2. 函的特点

1）广泛性。函的行文主体广泛，上至国家党政机关，下至一般社会团体，都可以使用。函的适用范围也较广，功能多样，是不相隶属单位之间沟通、联络的最佳媒介。

2）灵活性。函的行文方向灵活，既可以平行，也可以上行、下行。写法也灵活多样，篇幅较短。

3）单一性。函一般一函一事，不能一函多事，内容单一，便于对方及时处理。

3. 函写作注意事项

1）函的标题一般由发文单位、事由、文种组成，文种须点名"函"或"复函"，不能直接以文种为标题。复函可以加上表态的词语。

2）发函的主送单位一般只有一个，复函的主送单位要根据来函单位的具体情况，可以是一个，也可以是多个。不能直接给不相隶属单位的负责人行文。

3）发函的写作应缘由充分，有理有据，事项清楚准确，行文直陈其事，不宜拖沓冗长。

4）复函的写作应态度鲜明，回复明确具体，不能含糊其词。如果不同意，应说明原因，便于对方理解。

5）函的写作应一函一事，中心突出、条理清晰、结构完整，可以是段落式，也可以是条款式。

6）函的语气应委婉、诚恳，不能用命令式的语气。函的用语要得体、简略、精当。

7）发函的惯用结束语有"盼复""望函复""专此函告""请审批"等，复函的惯用结束语有"此复""特此函复"等。

录入技巧

1）可联词消字定字的：函（大）、相（宜）、文（化）、季（节）、量（子）、至（于）、广（大）、事（业）、（欧）式、盼（头）、复（杂）、望（远）、专（门）。

2）单音词须特定的：向（X:XINO）、新（X:XIN）。

3）全音码可以捆绑的：有理有据。

4）须在提示行中进行选择的：发函（2）、复函（2）、告知（2）、学院（1）、事宜（4）、互通（2）、回复（2）、标示（3）、食用（5）、高校（3）、同意（3）、智能（3）、主体（2）、适用（2）、写作（2）、发文（3）、事由（2）、文种（3）、缘由（4）、不宜（2）、一事（2）、条理（2）、语气（3）、用语（3）。

5）可以造词的：不适宜、商请、商务厅、主送、直陈其事。

6）须分开单击的：向\不。

（三）听打录入练习

下面这篇短文共 1119 个字，请教师录制音频并播放，学生用亚伟码反复规范地听打，要求在 7 分 28 秒内完成听打录入（150 字/分），准确率在 98% 以上。

1. 纪要的概念与类型

纪要适用于记载会议主要情况和议定事项。它是基于会议记录和会议材料综合整理、归纳提炼而成的纪实性文书。它具有汇报会议情况、落实会议精神、指导工作的作用。

按内容和性质的不同，纪要可以分为综合工作会议纪要和专项会议纪要两种。

（1）综合工作会议纪要

综合工作会议纪要适用于定期或不定期召开的工作会议，主要让与会单位、与会人员或相关单位知晓上级的指示、研究的问题、工作的部署等，内容一般较综合，有较强的约束力，从而指导有关单位开展工作。例如，《全国妇幼卫生工作会议纪要》就属于综合工作会议纪要。

（2）专项会议纪要

专项会议纪要适用于交流会、研讨会、座谈会等各种专项性会议，以实际工作中遇到的新情况、新问题、新动态，或是国家的重要方针、政策、理论为主要内容，写作的重点在讨论过程或形成的共识，从而给予下级宏观的指导，但必须经过上级的批转才有行政约束力。例如，《全国法院审理债券纠纷案件座谈会纪要》就属于专项会议纪要。

2. 纪要的特点

（1）纪实性

纪要是会议议程、会议精神、会议决议等会议基本情况的纪实，需要真实准确，不能断章取义、主观臆断。这是纪要写作的根本原则。

（2）概要性

纪要重在"要"，是对会议内容的整理、归纳、总结。纪要不应面面俱到，而是要将主要观点和重要决议提炼出来，这是纪要的内在要义，也是与会议记录的重要区别。

（3）权威性

纪要一经发布，就具有一定的行政约束力，要求有关单位遵守、执行。

（4）多向性

纪要既可以向上级汇报会议情况、会议结果，也可以向平级或不相隶属的单位通报会议情况，以便让对方知晓或配合支持，还可以向下级机关传达会议精神、会议决议，以便其贯彻执行。

3. 纪要写作注意事项

1）纪要的标题有 3 种写法：①"会议名称+纪要"；②"发文单位+会议名称+纪要"；③用正副标题，但切忌直接以"纪要"为标题。

2）纪要一般不写主送单位，而是直接行文。

3）导言部分需要交代清楚会议的时间、地点、参加人员、主持人、会议的议程、会议的议题等基本信息，也可根据实际情况而定。一般用过渡句"会议纪要如下"引出下文。

4）纪要主体部分的写作结构常用的有综合式、条款式、摘要式 3 种，可以根据会议的类型灵活选择。

5）纪要以第三人称"会议"行文，常用的段首语有"会议认为""会议指出""会议强调""会议决定""会议要求""会议号召"等词。

6）纪要结尾一般应指明方向、提出希望、发出号召，有时也可不写，自然收尾，视具体情况而定。

7）纪要的落款一般只写成文日期，有时也可将成文日期写在标题下一行，并用圆括号标注。成文日期用阿拉伯数字标注，年、月、日写全，有时也可不写。

8）纪要写作应内容真实、概括、凝练，观点鲜明、重点突出、条理清晰，语言平实、准确、简练。

录入技巧

1）可联词消字定字的：纪（律）、实（际）、既（是）、级（别）、相（宜）、句（号）、词（语）、视（觉）。

2）单音词须特定的：向（X:XINO）、种（W:ZUEO）、以（W:I）。

3）须在重码提示行中进行选择的：纪要（2）、议定（2）、基于（1）、知晓（3）、指示（3）、妇幼（3）、指导（2）、债券（2）、真实（2）、重在（2）、要义（3）、通报（2）、发文（3）、导言（2）、议题（3）、收尾（4）、条理（2）、平实（3）。

4）可以造词的：第三人称、段首语。

5）须分开单击的：专项\性、要\将、或\不、正\副、不\写、写\在。

（四）听打录入小测

下面这篇短文共 1571 个字，请教师录制音频并播放，学生用亚伟码反复规范地听打，要求在 10 分 28 秒内完成听打录入（150 字/分），准确率在 98% 以上。

1. 条据的概念与类型

条据是"便条"和"单据"的合称，是用来处理临时性事务，起告知说明或凭证作用的一种篇幅短小、格式固定、使用便捷的条款式专用文书。

条据一般分为两类：凭证式条据和说明式条据。

凭证式条据又称为单据。有时，我们为了办事方便，在收到、借到、领到、欠到钱或物时，会写字据，有凭证作用。常用的凭证式条据有借条、欠条、收条、领条4种。

凭证式条据不同于便条，应妥善保管，有的在办完事后仍须保存。事关重大的凭证式条据，如果是经手大笔款物，还要有担保人参与并签名，有的还需要到公证处办理正式手续，使其具有法律效力。

1）借条。借条是我们在借到钱或物时，写给对方的凭条。当所借的钱或物归还时，应收回原来所写的借条，并进行作废处理。

2）欠条。我们借的钱或物，到期不能全部归还，应收回原借条，另写一张凭证式条据，约定在一定时期内归还尚欠部分，这就是欠条。

3）收条。我们收到别人送来的钱或物时，应写张凭证式条据给对方作为凭证，称为收条，也称为收据。

4）领条。我们从别处领到钱或物时，写给发放人留存的凭证式条据，称为领条。

说明式条据又称为便条，常用的说明式条据有请假条、留言条、托事条3种。

1）请假条。请假条是指因事（或因病、因公）需要请假而写给有关当事人的说明式条据，主要说明请假的原因和时间。请假的理由必须充分并符合有关的规章制度。请假条一般由本人书写，如有特殊情况，则可委托他人代为请假。在请假条上应以第三人称出现，并应写上代请假人的姓名，有时还要写明与请假人的关系。

2）留言条。走访别人未遇，多使用留言条。留言条一般应写明来访目的、未遇心情、希望与要求。使用留言条的情况有：临时有一活动，要请对方参加，而对方恰好不在，可写留言条告知；有时替人接了电话不能当面转告，可写留言条；有事不便于当面谈，又必须让对方知道，可写留言条。

3）托事条。托事条应把委托别人办理的事情交代清楚，以免给对方造成麻烦。例如，托人购物，要写清详细要求；托人送物，要写清地址，以免误事。

2. 条据写作注意事项

1）对外使用的条据，对方单位名称和个人姓名一定要写全称。

2）对于物品，要写明名称、规格、数量；对于钱款，要写明金额，且金额必须用大写，以防涂改。

3）数字前不留空白，数字后面要写计量单位，如"元""个""双""斤"等，然后写上"整"字，后面要写上"此据"，以防内容被涂改和添加。

4）条据中的文字如果确实需要改动，要在涂改处加盖印章，以示负责。

5）写条据时字迹要端正、清楚，要使用钢笔或水笔书写，不能使用铅笔或红色笔书写。

3. 启事的概念与类型

启事是机关、团体、企事业单位或个人向公众公开说明事情、请求帮助或参与而制作的一种应用文书。启事一般张贴在公共场所或刊登在报刊上，也有的在广播、电视中播出。启事不像公告类公文那样具有较强的约束力和强制性，而是多具有告知性、祈求性和商洽性。

启事的种类较多，既可以处理公事，也可以处理私事。从启事的内容来看，一般可以分为以下 3 类。

（1）寻领类启事

寻领类启事是为了求得公众的响应和帮助，如寻人启事、寻物启事等。

（2）征招类启事

征招类启事是为了求得公众的配合与协作，如招聘启事、招生启事、招标启事、招商启事、征婚启事等。

（3）告知类启事

告知类启事是为了开展工作和业务，把某些事项公之于众，以便让公众知晓，如开业启事、停业启事、迁址启事、更名启事等。

4. 启事写作注意事项

1）内容要单一。启事应该做到一事一启，不能将几件事杂糅在一起。

2）材料要真实。启事中的内容必须真实，如招聘启事、征租启事、征婚启事等都应该实事求是，不能弄虚作假。

3）中心要明确。启事的事项不得含糊不清，否则就失去了它的意义。尤其是寻物启事、寻人启事要写清特征，以便得到公众的帮助。

4）语言要简洁。张贴的启事不宜写得过长，报刊启事更要节省字数，力求用最少的钱达到最优的启知效果。

录入技巧

1）可联词消字定字的：起（来）、（格）式、借（以）、欠（我）、钱（物）、物（质）、完（成）、原（来）、张（纸）、尚（未）、事（业）、未（来）、遇（到）、接（物）、防（止）、留（恋）、如（果）、处（理）、示（范）、像（章）、既（是）、寻（味）、领（导）、启（发）、知（道）。

2）单音词须特定的：又（XW:IEO）、时（W:XZ）、办（W:BNA）、病（W:BINE）、元（W:IUNA）、笔（W:BI）。

3）全音码可以捆绑的：事关重大、企事业、公之于众、几件事、弄虚作假。

4）须在重码提示行中进行选择的：称为（2）、收到（2）、领到（2）、字据（4）、借条（3）、欠条（2）、经手（2）、因公（2）、应以（3）、有事（3）、以免（2）、购物（2）、地址（4）、误事（8）、全称（2）、钱款（2）、计量（2）、字迹（3）、启事（0）、公事（5）、私事（4）、响应（2）、一事（2）。

5）可以造词的：合称、款物、凭条、第三人称、寻物启事、迁址启事、征租。

6）须分开单击的：会\写、所\写、并\应、可\写、写\清、条据\写作、要\写、写\上、此\据、较\强、过\长。

模块三　文字整理训练

　　速录师将语音信息转化为电子文本，不仅要确保文字的准确和完整，更要注意文本的可读和实用。因此，需要速录师对原始记录文字进行校对、整理，并根据要求提炼和加工为不同的应用文。

　　本模块由文稿校对训练、语义提炼、会议纪要撰写三个任务组成。通过训练，使学生具备文字编辑校对整理能力、从整篇文章或一段文字中筛选提炼概括关键内容的能力，以及根据会议记录撰写会议纪要的能力。同时，经过训练，进一步提高中文速录的水平。

任务一　文稿校对训练

【学习目标】

　　1）熟练使用速录机编辑键盘功能。
　　2）能够辨析速录文稿中常见错误字词并校正。
　　3）能够辨析速录文稿中常见语病并校正。
　　4）通过反复训练，能够达到160字/分以上的录入速度。

一、速录文稿编辑整理能力训练

　　在速录工作中，仅仅具备录入文字的能力是不够的，还要灵活运用添加、修改、删除、替换等功能来提高录入的正确率。

❀【训练情景一】

小文在初级阶段的学习过程中已经接触了速录机编辑键盘的功能和操作方法，教师告诉她，随着录入速度越来越高，编辑键盘的应用也会越来越多，且操作越来越熟练。小文找出自己之前练习时录入的一段文字资料，试着用速录机校对了起来。

❀【训练步骤】

1）将速录机与计算机正确连接，并打开亚伟中文速录系统。

2）将文字资料放到亚伟中文速录系统中。如果文字资料本就是从亚伟中文速录系统中保存的，可直接从亚伟中文速录系统中打开；如果之前是在其他应用程序中录入保存的，复制后，须在亚伟中文速录系统中选择"从外部程序粘贴"选项，将文字资料粘贴进来。

3）脱离鼠标，校对的一系列操作均采用速录机快捷键来完成。

4）根据错误出现位置，灵活应用光标移动系列快捷键。除上下左右移动外，还需结合光标移动至行首/末（XU:XZEO/XBO），来达到快速定位的目的。

5）对于同音字词，采用同音字/词替换（XNA:N/A），不需要删除再重新录入。

6）在整个校对过程中，删除功能尽量采用以光标为定位点，逐个删除光标前/后（XNA:B/D）的字。建议先录入正确文字，再将错误文字删除。

7）整个校对结束后，进行保存（XWU:XZ）。

🌹 **特别提醒**

亚伟中文速录机左侧的 XWU 键对应标准键盘的 Ctrl 键，也可以应用于文字编辑以外的其他功能操作。

❀【训练情景二】

通过录入速度的提升，以及对一系列校对快捷键的熟练掌握，小文决定挑战一下一次成稿，她找到一段语速相对较慢的音频资料，试着边录入边校对。

❀【训练步骤】

1）将速录机与计算机连接好，确认可以正常上屏，打开音频文件，开始录入。

2）录入过程中采用亚伟中文速录系统默认的"添加"状态，使录入的文字总是出现在文件的末尾处。

3）须对已录入的同音字词作校对时，可直接将光标移过去进行修改，到修改完成可能需要利用多个讲话停顿间隙来进行。

4）须对已录入的错字、错词作校对时，可先将光标移过去，再快速将亚伟中文速录系统切换为"插入"状态，在光标处进行正确内容的重新录入。录入完成后，使用删除快捷键将错误部分删除，然后切换为"添加"状态，继续进行实时语音内容的文字录入。

5）音频文件播放结束，应先确认保存；若还有错误没能及时修正的，趁还有印象应尽快处理或根据相关标记快速找到并进行处理；对于需要借助网络或相关资料查阅确认的，应根据录入过程中所作的标记，一一确认修正。

6）校对工作完成，通篇确认无误后，应再次保存。

特别提醒

对于录入过程中的同音字词替换、段落层级的划分修改、标点符号的修改等，均可直接操作对应快捷键，无须切换亚伟中文速录系统的录入状态。

知识链接

常用编辑功能介绍

1）速录机快捷键与标准键盘快捷键（常用编辑功能）对照表，如表 3-1-1 所示。

表 3-1-1　速录机快捷键与标准键盘快捷键（常用编辑功能）对照表

操作	工具栏按钮	速录机快捷键	标准键盘快捷键
撤销上一操作	↩	XWU:Z	Ctrl+Z
重复上一操作	↪	XWU:IA	Ctrl+Y
剪切	✂	XWU:XI	Ctrl+X
复制	📋	XWU:BZ	Ctrl+C
粘贴	📋	XWU:UE	Ctrl+V
全选	📄	无	Ctrl+A
查找/替换	🔍	XWU:XBU	Ctrl+F

2）"插入/添加"状态的切换。

执行此功能，屏幕右下方状态提示行上的"添加"变为"插入"或相反。

用此功能改变亚伟中文速录机的录入状态，在"添加"与"插入"这两个状态之间反复切换。若是"添加"状态，即亚伟中文速录机所记录的信息总是被添加到文件的末尾处，一般多使用此状态，同时可以双人、双机操作；若是"插入"状态，即亚伟中文速录机所记录的信息总是被添加到文件中光标所在的位置上，只能一个人工作。若为"添加"状态，则是两个光标，一个永远在文本的末尾，另一个是正常的光标；若为"插入"状态，这两个光标合二为一。

切换"插入/添加"状态时，可以单击工具栏的"INS"按钮，或使用速录机快捷键 XU:BZA 或 XEO:XN。

【拓展训练】

请教师按照学生实际情况把握语速，读一段文章让学生听打录入。录入过程中可边录入边校对，结束后要求使用速录机编辑功能快捷键再进行一遍校对，最终提交语句通顺、逻辑清楚的文稿。

🌺【学习评价】

填写学习评价表，如表 3-1-2 所示。

表 3-1-2 学习评价表

考核知识点	考核标准	分值	自评分	小组评分	综合得分
录入结束后校对	正确进行同音字词校对	25			
	正确进行标点符号、格式段落校对	25			
边录入边校对	能够灵活运用"插入/添加"状态	25			
常用编辑功能	掌握速录机快捷键与标准键盘快捷键的常用编辑功能	25			
总分		100			
教师指导意见					

二、速录文稿常见错误字词辨析

速录人员在进行实时高速听打录入时，出现按键错误或同音字词错误在所难免，这就要求在听打录入后仔细地加以校对，尽可能地把速录稿中的所有错误字词，特别是同音异义字词加以正确地校对改正。

🌸【训练情景】

随着小文速录水平的不断提高，在工作中应用速录的场景越来越多，但小文发现自己经常有一些字词容易出错。

💐【训练步骤】

1）连接好速录设备，找出一段音频，进行听打录入，如图 3-1-1 所示。

2）录入结束后，对比音频匹配原文本，将录入的同音字词应用速录机校对快捷键进行修正，如图 3-1-2 所示。

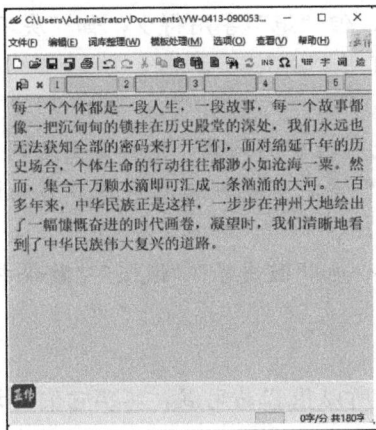

图 3-1-1 听打录入原始速录稿

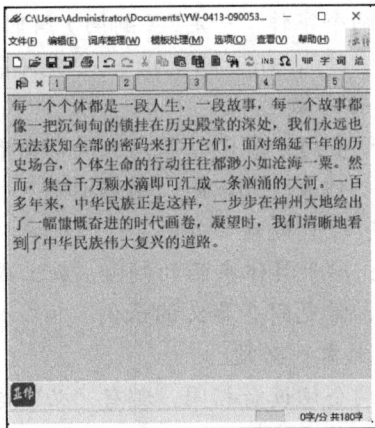

图 3-1-2 听打录入校对后文稿

3）校对完成后，总结出现错误的原因：一是积累量不够，应用选词、联词消字定字不够；二是个别字词不易区分。

> **知识链接**

常见同音异义字、同音异义词及易错字

一、常见同音异义字示例

1. 的—地—得

这三个字读音相同，又同为结构助词，但用法不同。

的：主要用在定语后面表示修饰、领属等关系，如"美丽的姑娘""我的伙伴"等。

地：一般用在状语后面，用来修饰动词或形容词，如"飞快地跑了""雪渐渐地大了"等。

得：一般用在动词、形容词与补语之间，表示可能、程度、结果，如"爬得上去""红得发紫""吃得饱饱的"等。

2. 即—既

这两个字的音、义相近，都能作副词用，但用法有区别。

即：用作副词时有三个含义：①紧接着发生，如"知错即改"；②就，如"这件事的症结即在于此"；③就是，如"非此即彼"。

既：用作副词时有两个含义：①已经，如"既成事实；②与"又""且""也"连用，表示两种情况同时存在，如"既能文又能武""既高且大""既说也写"等。

3. 决—绝

这两个字读音相同，都可用作副词，表示必定、一定的意义，有时这两个字可以通用，有时又不能，因而容易混淆。

决：突出的是必定义，强调心理上的坚决，如"决不反悔"等。

绝：突出的是断然、绝对，强调的是客观无可能，如"绝无此事""绝不答应"等。"绝"还有表示程度范围的意义，如"绝大多数""绝密"，这里不能写作"决"。

这两个字作"一定"（副词）解时用法相通，但"绝"字用得少，如"决不反悔"中不用"绝"，而"绝无此意""绝不答应"中可用"决"。

4. 作—做

作：多用于表示抽象意义的词语和书面语色彩较重的词语，尤其是固定词语，如"作对""作废""作怪""装模作样""认贼作父"等，后面所接双音词多为动词，如"作调查""作处理"等。

做：用于具体东西的制造、加工或担任职务，如"做桌子""做饭""做秘书"等。

二、常见同音异义词示例

1. 必需—必须

这两个词读音相同，都有"必"这个词素，所以很容易用混，其实它们的词义和用法是不同的。

必需：表示一定要有，不可少的意思。通常用在名词前面作定语，也可以当动词，作谓语用。

例句1：我们坚持了原则性，也为实现这种原则性而采取许可的和必需的灵活性。

例句2：但是转换全局的战略方针，必然要是运动战。阵地战虽也必需，但是属于辅助性质的第二种方针。

例句1的"必需"用在名词"灵活性"前边，作定语用；例句2的"必需"是动词，作谓语用。

必须：表示事理上和情理上必要，一定要，加强命令语气。通常用在动词前边作状语。

例句：实践证明，亚伟中文速录机的熟练掌握，必须经过刻苦的训练。

2. 反应—反映

"反应"和"反映"本义不同，引申比喻意义也不一样，需要注意辨析掌握，正确运用。

反应：本义是指机体受到体内或体外的刺激而引起相应的活动或变化。现在通常指由某事务所引起的意见、态度或行动等。

例句1：伤疤被冷水一敷，他马上有了反应，觉得浑身酸痛，有些发烧。

例句2：他的演说，听众反应很好。

例句1的"反应"是本义；例句2的"反应"是指由某事物引起的意见或态度。

反映：本义是指物体的形象反着映射到另一个物体上。现在一般使用其引申比喻的词义，它的词义有二：

1）比喻把客观事物的实质表现出来。

例句1：党内不同思想的对立和斗争是经常发生的，这是社会的阶级矛盾和新旧事物的矛盾在党内的反映。

例句2：这个宏伟规划，反映了我国亿万人民的共同愿望。

例句1表现出客观事物的实质；例句2表现出客观事物的某些方面。

2）把情况、意见等告诉上级或有关部门。

例句：这件事我要向公司领导反映一下。

3. 即使—既使

"即使"是连词，表示假设的让步，用在假设关系的复句中，常和副词"也"呼应。

例句：即使你当时在场，恐怕也没有什么办法。

"既使"则是两个词组成的词组，"既"用作连词，常跟"且""又""也"等副词呼应，表示两种情况兼而有之；而"使"作为动词时，是"让"的意思。

例句：领导的一席话，既使大家受到了教育，也使我有了改正错误的决心。

4. 权力—权利

这是两个读音完全相同的名词，经常用混。

权力：表示政治上的强制力量，也可表示职责范围内的支配力量。

例句：全国人民代表大会是最高国家权力机关。

权利：指公民或法人依法行使的权力和享受的利益，跟"义务"相对。

例句：要保障新闻采编人员合法的采访权利。

三、常见易错字示例

1）"安装"不要录入成"按装"。

2）"安详"不能录入成"安祥"，没有"安祥"这个写法。"安详"指从容不迫，稳重。例如，"神态安详""面容安详""他安详地睡着了"等。"容止端详"的"详"也是"安详"，指容貌举止端庄安详。

"祥"指吉利，如"祥云""祥端""祥和"等。"慈祥"用来形容人的态度神色，如"慈祥的老人""神情慈祥""慈祥的微笑"。"祥和"指气氛，如"过一个祥和的春节"。注意：记住"安详""慈祥""祥和"的写法。"翔实"与"详实"可通用，提倡用"翔实"。

3）"艾滋病"不要录入成"爱滋病"。

4）"按部就班"不要录入成"按步就班"，如果泛指三部分内容相对独立成篇而又相互连贯的文学作品，用"三部曲"，这种情况下不要录入成"三步曲"（指三步舞典）。

5）"黯然"不要录入成"暗然"。

6）"报道"与"报导"读音不同，现在提倡用"报道"。

7）"爆发"与"暴发"：用于自然现象时，二者都有"突然发作"的意思，"爆发"指火山内部的岩浆突然冲破地壳，向四外迸出，如"火山爆发"；"暴发"多用于山洪、大水等。另外，在用于社会事物时，"爆发"指（事变）突然发生，如革命、起义、运动等，又用于形容力量、情绪等；"暴发"指突然得势或发财，多含贬义。

8）"表率"不录入为"表帅"；"统率"在用作动词时，也可写作"统帅"，但提倡用"统率"。

9）"辨"与"辩"：与言辞有关的，一般用"辩"。"辩白"也可写作"辨白"，"辩证"也可写作"辨证"。用作"辨别症候"时，也作"辨症"。

10）"表明"一般指把思想感情显示出来；"标明"指做出记号或写出文字使人知道。

🌹 **特别提醒**

作为速录人员，学习中文语法知识是非常必要的。在实时听打录入后的校对中，如果一时掌握不住某个同音异义字或同音异义词的词义的区别，可以查字典、词典或有关词义辨析类的工具书。当然，最重要的在于平时学习和积累有关的知识，努力提高自身的语文素养。具体地说，就是能准确地辨析同音异义字、同音异义词的词性、词义和用法。

【拓展训练】 ··

1）小组成员之间收集除教材以外的同音异义字、同音异义词，进行分享交流，并造句说明使用方法。

2）小组成员之间收集除教材以外的常见易错字，进行分享交流，并造句说明使用方法。

【学习评价】 ··

填写学习评价表，如表 3-1-3 所示。

表 3-1-3　学习评价表

考核知识点	考核标准	分值	自评分	小组评分	综合得分
常见同音异义字	举例说出三组以上同音异义字，并造句说明意思区别	30			
常见同音异义词	举例说出三组以上同音异义词，并造句说明意思区别	30			
常见易错字	举例说出三组以上易错字，并分别解释其含义	40			
总分		100			
教师指导意见					

三、速录文稿常见病句校正

速录师在记录过程中，经常会遇到发言人在既定场景或展示材料时，出现半句话，或发言出现语序颠倒的情况。现场听者能够理解，但将其记录为书面用语则容易混淆意思或看不明白。此时，就需要速录师具备对速录文稿常见病句的校正能力。

【训练情景】 ··

小文对自己的速录文稿进行校对，除了字、词的错误外，小文还发现自己的速录文稿有很多发言人的话记录成书面稿后，读起来就出现病句现象。教师告诉小文，对速录文稿进行病句校正是速录文稿校对中很重要的内容。

【训练步骤】 ··

1）连接好速录设备，找出之前记录过的文稿资料，通篇浏览语句。

2）找出其中语句不通顺或逻辑不明的病句。

3）根据会议主旨及上下文意思，在不改变发言人本意的基础上将病句进行修改。

知识链接

常见的病句类型

病句是指在语法修辞或逻辑上有毛病的句子。以下介绍几种常见的病句类型。

1. 成分残缺或多余

例句1：听了校长的报告，使我受到极大的鼓舞。（主语残缺，应去掉"使"。）

例句2：我们正在为建设一个现代化的社会主义强国。（谓语残缺，句末加上"而努力"。）

例句3：市政府严肃处理了水泥厂擅自提价。（宾语残缺，句末加上"的做法"。）

2. 搭配不当

例句1：我们的校长常常接待许多学生家长的来访和来信。（动宾搭配不当，宾语是并列的两项，"接待"可和"来访"搭配，删去"和来信"。或者改为"收到……来信，接待……来访"的搭配。）

例句2：他的无畏精神时刻浮现在我的眼前。（主谓搭配不当，"精神"与"浮现"不搭配，可改为"无畏形象"。）

例句3：我们坚信，有那么一天，中国的农业会成为发达的国家。（主宾搭配不当，"农业"不能成为"国家"，应改为"中国会成为农业发达的国家"。）

例句4：只要增加投入，才能使粮食生产稳步增长。（关联词搭配不当，"只要……就……""只有……才……"。）

例句5：秋天的香山是个美丽的季节。（主宾搭配不当，可把"季节"改为"地方"）

3. 语序不当

例句1：博物馆展出了几千年前刚出土的文物。（多层定语语序不当，应改为"博物馆展出了刚出土的几千年前的文物"。）

例句2：她做了两个丈夫喜欢的菜。（宾语的修饰语语序不当，产生了歧义，出现了"两个丈夫"语义不清的错误，应把"两个"调到"菜"的前面。）

例句3：赵老师亲切地走过来对我说："你要注意保护视力啊！"（修饰语语序不当，"亲切地"与"走过来"应对调。）

例句4：这里的情况，对于我们已经很熟悉。（"对于"应放在"这里的情况"之前。）

4. 指代不明

例句1：张老师才到我校，许多老师还不认识。（到底是谁不认识谁？不明确，应在最后加上"他"。）

例句2：小明和小华的同学来了。（到底是"小明"和"小华的同学"来了还是小明和小华两人的同学来了，不明确。）

例句3：收集史料不容易，鉴定和运用史料更不容易，中国过去的大部分史学家主要力量就用在这方面。（"这方面"指哪方面？把"这方面"改为"这些方面"就明确了。）

5. 否定不明

例句1：这悲壮的故事，怎能不使我不感动得流泪呢？（要注意反问句中的否定词，这句话最终表达了否定的意思，与本意正好相反。应把其中一个"不"字去掉。）

例句 2：春运期间，为防止类似的交通事故不再发生，有关部门加大了监管与督察力度。（"防止……不"，意思正好相反，应把"防止"改为"让"或把"不再"改为"再"。）

6. 词语误用

例句 1：老师为了培养我们，可真是废寝忘食，处心积虑。（词语感情色彩与句意不合。"处心积虑"改为"殚精竭虑"。）

例句 2：今年的产量减少了一倍。（数量减少不能用倍数，"一倍"应改为"一半"或"百分之五十"。）

7. 不合逻辑

例句 1：中国长城是世界上没有的奇迹。（既然世界上都没有，那中国怎么又有呢？应把"没有"改为"仅有"。）

例句 2：他的作文不但在全校冒尖，而且常常居全班之冠。（先在全班夺冠才能在全校夺冠。）

例句 3：一天一夜没停的吵闹声又响起来了。（根本没有停下，怎么"又"响了？"又响起来了"应改为"不绝于耳"。）

例句 4：五一期间，我校全体初三学生基本全都没有休息，在家认真复习。（要么是"基本"，要么是"全都"，放在一起不合逻辑，应当删除"基本"或者"全都"。）

8. 重复堆砌

例句 1：你交来的稿件，正在进行排版。（"正在"已经包含"进行"的意思在内，应删去"进行"。）

例句 2：王总和李经理多次反复论证这套技改方案。（"多次"与"反复"意思差不多，使用其一即可。）

例句 3：为精简字数，我们不得不把这篇文章略加删改一些。（附加成分多余，"一些"与前面的"略加"重复，可删掉一个。）

例句 4：文艺百花园姹紫嫣红，万紫千红，气象万千。（"姹紫嫣红"与"万紫千红"意思相近，使用其一即可。）

9. 一面与两面不对应

例句 1：有没有坚定的意志，是一个人在事业上能够取得成功的关键。（前后不呼应，前面的主语是正反两面的意思，后面的宾语只有正面一面的意思，前后不呼应。应把"没有"删除。）

例句 2：团结一致是能否搞好工作的关键。（前面是正面一面的意思，后面是正反两面的意思，前后不呼应。应去掉"能否"。）

10. 并列不当

例句 1：这个商店出售饮料、汽水和啤酒。（汽水和啤酒都是"饮料"，不应并列。）

例句 2：参加这项活动的都是共青团员和中学生。（"共青团员"和"中学生"可能有交集，不应这样并列。）

（资料来源：作者根据相关资料整理。）

【拓展训练】

请教师设定一个主题，让一部分学生围绕主题即兴发言，再让另一部分学生进行记录。最后将记录文稿整理通顺，并指出记录过程中出现了哪些语病，自己又是如何校正文稿的。

【学习评价】

填写学习评价表，如表 3-1-4 所示。

表 3-1-4　学习评价表

考核知识点	考核标准	分值	自评分	小组评分	综合得分
病句类型	正确说出常见的病句类型	15			
	正确指出具体病句的语病类型	15			
病句修改	正确说出常见病句的修改要点	25			
	针对具体病句作出相应修改	45			
总分		100			
教师指导意见					

综合训练一

（一）看打录入练习

下面这篇短文共 1601 个字，用亚伟码反复规范地看打，要求在 10 分 1 秒内完成看打录入（160 字/分），并且准确率在 98% 以上。

1. 招标书的概念与特点

招标书是招标人为选择合适的项目承包人或合作者而对外公布有关招标项目、范围、内容、条件、要求的文书。招标书是一种告示性文书，是为了使投标方可以根据招标书的内容做好准备工作，同时指导招标人顺利开展招标工作的文书。

招标书作为招标人选择最理想合作伙伴的重要文书，其具有自身独有的特点，主要体现在以下 3 个方面。

1）公开性。招标书是一种告知性文书，需要借助大众传播手段进行公开，从而吸引众多投标人进行投标，以便在更大范围内找到理想的合作伙伴。

2）竞争性。招标书充分利用了竞争机制，首先以竞标的方式吸引投标人加入，然后通过激烈的竞争汰劣存优，从而实现择优的目的。

3）时间性。招标书要求在短时间内获得结果，因此具有时间的紧迫性。

2. 招标书的编制原则

招标书是受法律监督和保护的文书。因此，在编制招标书时需要遵循以下原则。

（1）遵守法律法规

招标书的内容应符合相关法律法规、国际惯例、行业规范，特别是对于政府采购而言更是如此；招标书中设置的各项条款不能背离法律法规，如合同条款不得与《中华人民共和国民法典》相抵触等。

（2）公正合理

招标书中的要求应当对投标人公正、平等，提出的技术要求、商务条件必须依据充分并切合实际，不应过于苛刻，更不允许将风险全部转嫁给投标人。

（3）公平竞争

招标书不能存有歧视性条款，只有公平才能真正吸引有竞争力的投标人，才能选择更合适的合作伙伴。

（4）科学规范

招标书应当以最规范的文字，将采购的目的、要求、进度、服务等内容描述得简洁有序、准确明了，使投标人能够清楚地知道招标内容，做好投标的准备工作，不能使用"大概""大约"等模棱两可的词语，也不能出现容易引起歧义的语句。

（5）维护招标方利益

招标书的内容应注意维护采购单位的业务秘密或其他需要保密的内容，不得损害国家利益和社会公众利益。

3．招标书的写作格式

（1）标题

常见的招标书标题直接由文种构成，如"招标书""招标文件""招标通告""招标公告""招标启事"等；完整的标题格式为"招标单位+招标内容+文种"，或"招标单位+文种"，或"招标内容+文种"，如《××单位办公自动化设备采购项目招标文件》《××系统软件开发项目招标文件》等。

（2）正文

正文由引言、主体构成。引言部分要求写清楚招标依据、原因。主体部分要翔实交代招标方式、招标范围、招标程序、招标的具体要求，双方签订合同的原则、双方在招标过程中的权利和义务、组织领导、其他注意事项等。

（3）结尾

招标书的结尾应签署招标单位的名称、地址、联系人、电话、传真等，以便投标人报名参与。

4．投标书的概念与特点

投标书是指投标单位按照招标书的条件和要求，向招标单位提交的对所投项目进行报价并填具标单的文书。投标书要求在密封后邮寄或派专人送到招标单位，因此又称为标函。投标书具有以下特点。

1）规范性。投标书的制作既应遵守国家对招投标工作的有关规定和具体办法，又要执行国家颁布的技术规范和质量标准，不能随心所欲，任意制作。

2）可行性。投标人应当保证投标书中所承诺的各项条件，如项目标价、规格、数量、质量及进度要求等，均应具有可行性，一旦中标，投标人必须严格履行。

3）限定性。投标活动一般都有严格的时间限定，投标人必须在限期内将投标书递交给招标单位，否则过期将视同自动放弃。

5. 投标书的写作格式

投标书主要由标题、正文、落款 3 部分组成。

（1）标题

常见的投标书标题直接由文种构成，如"投标书""投标申请书""投标答辩书"等；完整的投标书标题格式为"投标单位+文种"，但一般不出现投标单位名称。

（2）正文

正文由引言、主体构成。引言部分应写明投标依据、原因等内容。主体部分应写明本次投标的项目名称、数量、规格、技术要求、报价、交货（或完成）日期、质量保证等，内容应该真实、详细，注意突出自己的优势，但不得夸大其词、虚构或瞒报自身基本情况。

（3）落款

落款应写明投标人的基本信息，如名称、联系方式、投标日期等。

录入技巧

1）可联词消字定字的：性（格）、应（该）、中（国）、如（果）、相（互）、对（于）、并（且）、将（来）、给（予）、有（了）、更（加）、为（了）、指（出）、所（以）、投（资）、填（写）、具（有）、标（记）、单（位）。

2）单音词须特定的：与（W:IU）、使（X:XZ）、个（W:G）、以（XI）、得（W:D）、由（W:IEO）、派（X:BGIO）、又（XW:IEO）。

3）全音码可以捆绑的：竞争性、短时间、国际惯例、歧视性、模棱两可、答辩书。

4）须在重码提示行中进行选择的：指导（2）、告知（2）、商务（2）、苛刻（2）、转嫁（2）、歧义（9）、文种（3）、启事（0）、主体（2）、翔实（2）、邮寄（5）、均应（2）、限期（2）、过期（3）、视同（2）、写作（2）、交货（3）、真实（2）。

5）可以造词的：招标书、投标方、汰劣存优、简洁有序、招标方。

6）须分开单击的：是\指。

（二）看打录入小测

下面这篇短文共 1350 个字，用亚伟码反复规范地看打，要求在 8 分 26 秒内完成看打录入（160 字/分），并且准确率在 98% 以上。

1. 请柬的概念、特点与类型

请柬是邀请某单位或个人参加某项活动而发出的书面信函。请柬又称为请帖，是人们在节日和各种喜事中请客用的一种简便邀请信，其特点是内容简洁、明确，富有强烈的礼节性，装帧精美，有艺术性。

请柬依据不同的标准可以有不同的分法，常见的分类如下。

1）按书写形式分，有横式请柬和竖式请柬。竖式请柬从右写到左，文字竖排。

2）按目的分，有会议请柬、仪式请柬、参展请柬、宴会请柬等。

3）按印刷形式分，有单帖、双帖、组合帖 3 种。

2. 请柬写作注意事项

1）双帖封面印上或写明"请柬"二字，一般采用书法字体、字面烫金或加以图案装饰等。有些单帖，"请柬"二字写在顶端第一行，字体比正文稍大。

2）无论单帖、双帖，帖文首行顶格书写被邀请者姓名或被邀请单位名称。有的请柬把被邀请者的姓名或单位名称放在末行，也要顶格书写。注意，姓名要用全称，不能用任何小名、昵称或姓名的缩写。

3）写明被邀请者参加活动的内容，并交代具体时间、地点。若有其他活动，如观看影视表演等，应在请柬上注明或附入场券。

4）结尾写"敬请光临""致以敬礼"等。

5）落款应写明邀请人的单位或姓名，以及发出请柬的时间。

3. 邀请信的概念、特点及与请柬的区别

邀请信又称为邀请函、邀请书，是机关、团体、企事业单位举办重要活动、召开重要会议时为邀请单位或个人参加而制发的专用信函。

邀请信与请柬有相似之处，都是用于邀请某人、某单位前来参加某项活动。区别在于，邀请信多用于公务场合，邀请对方前来参加某项实质性活动；请柬则在公务和私人场合都可使用，多用于一般例行性活动。在篇幅上，邀请信一般较长，需要事先向受邀者介绍活动的意义、作用，详细说明活动的主要内容；请柬则比较简短，用一两句话点明活动的内容或名称即可，不用具体说明。

4. 感谢信的概念、特点与类型

感谢信是机关、团体、企事业单位和个人，对关心、帮助、支持自己工作的单位或个人表示感谢的信函。不忘对方的关爱与帮助，赞赏对方的事迹和风格，表达自己的感激和谢意是写感谢信的目的。

感谢信的特点：一是真实性，感谢的对象要真实且具体明确，叙述的事件要真实，且要交代清楚事件发生的时间、地点、经过和结果；二是感召性，要表达出由衷的感激之情，并能感染其他人，起到很好的宣传教育作用。

感谢信依据不同的标准可以有不同的分法，常见的分类如下。

1）普发性感谢信。该种感谢信的对象是众多单位或大众，一般是个人处于困境时，得到大家的帮助，并在大家的关心和支持下，克服困难，渡过难关，摆脱困境。

2）专指性感谢信。该种感谢信的对象是特定的单位或个人，一般是为了感谢某个单位或个人曾经给予的帮助或照顾。

3）公开张贴的感谢信。它是指可以公开张贴的感谢信，包括在媒体刊登、播报的感谢信。

4）邮寄的感谢信。它是指将感谢信直接邮寄给被感谢的单位、集体或个人。

5. 感谢信写作注意事项

1）内容要真实。叙述事迹要真实具体，人名、时间、地点及有关数字要绝对准确，关键部分要突出，评价对方应恰如其分。

2）感情要真挚。做到热情洋溢，以情感人。表达谢意的行为要符合实际，同时要讲究礼貌，开头的称呼、文中的用词、结尾的敬语都要符合双方的身份和社会交往习惯。

3）格式要规范。篇幅要简短，格式要符合一般书信的要求。

4）语言要简洁。感谢信的语言不要长篇大论，词句上要求精练简洁。

录入技巧

1）可联词消字定字的：项（目）、信（息）、（格）式、竖（起）、右（边）、单（位）、帖（子）、印（制）、字（词）、稍（微）、文（字）、首（先）、顶（多）、格（式）、附（带）、企（业）、制（品）、发（布）、普（遍）、专（门）、指（数）、邀（请）。

2）单音词须特定的：又（XW:IEO）、种（W:ZUEO）、字（W:DZ）、者（W:ZE）、或（W:XGO）、书（W:XZU）、时（W:XZ）、和（X:XG）、文（W:UN）。

3）全音码可以捆绑的：艺术性、入场券、邀请函、企事业、感谢信、真实性、以情感人。

4）须在重码提示行中进行选择的：称为（2）、喜事（3）、简洁（4）、礼节（3）、仪式（5）、写作（2）、全称（2）、致以（3）、敬礼（5）、之处（5）、例行（3）、事先（2）、简短（3）、点明（2）、事迹（4）、谢意（2）、真实（2）、事件（3）、邮寄（5）、人名（2）、真挚（2）、敬语（6）。

5）可以造词的：竖排、关爱、由衷的、是指（XZI:Z）、用词。

6）须分开单击的：用\的、分\法、写\到、写\在、放\在、要\用、较\长、且\要、并\在、人\名。

（三）听打录入练习

下面这两篇短文共 1193 个字，请教师录制音频并播放，学生用亚伟码反复规范地听打，要求在 7 分 28 秒内完成听打录入（160 字/分），并且准确率在 98% 以上。

1. 贺信（电）的概念、特点及注意事项

贺信（电）是机关、企事业单位、社会团体或个人对取得巨大成绩、做出卓越贡献的集体或个人表示祝贺的专用书信，也用于对一些重要会议、节日、重大喜事、重要人物寿辰等的祝贺。

贺信（电）都是表示庆贺的应用文书，在内容和结构上区别不大。贺信是发信函庆贺，贺电是发电报或登报庆贺。

需要注意的是，贺信（电）应及时发送给对方，这样才显得热情真诚，否则就失去了庆贺的意义。

2. 证明信的概念及应用

证明信是单位或个人出具的用来证明某人身份、经历或某事物真实情况的专用书信。证明信的特点是它的凭证作用，是持有者用以证明自己身份、经历或某事物真实性的一种凭证。

证明信一般由单位或熟悉情况的个人撰写，适用于加入某一级组织或党派、澄清历史事实或明晰事件真相、个人在为单位办理某些事项或个人由于具体情况而必须向单位做出解释说明时，由原单位或有关人员为其开具。

3. 证明信写作注意事项

1）内容要严肃。撰写证明信必须实事求是，如证明信所写的内容本人不太熟悉，应写"仅供参考"的提示性语言。

2）语言要准确。证明信不可含糊其词，不能用铅笔、红色笔书写，若有涂改，必须在涂改处加盖公章或按手印。

3）对于随身携带的证明信，一般要求在证明信的结尾注明有效时间或"过期无效"的字样。

4. 申请书的概念与类型

申请书是个人、单位和集体向组织、机关、团体或领导提出要求，以实现和满足自己希望、要求的一种文体。个人要求加入党、团组织可以写申请书表达愿望；下级在工作、生产等方面对上级有所要求，也可以写申请书表达。有些是上级、组织、单位或部门本来视情况可以为之办理的，如果下级、个人不提出申请，就不予办理了；有些事项，申请时要掌握时机，错过时机，申请实现的可能性就小了，甚至不会有结果。因此，写申请书既是一种手段，也是一门艺术。

申请书的种类很多，根据人们不同的要求，有不同种类的申请书。在日常生活和学习中，常用的申请书有入党申请书、入团申请书、入学申请书、出国留学申请书、加入某种社团组织申请书和取消处分申请书等。

5. 申请书写作注意事项

1）申请的事情、要求的情况一定要写具体、仔细，细节要写明，数字要具体、准确。

2）申请的理由一定要实事求是，不能虚夸与杜撰；理由要充分、具体、全面。需要注意的是，一些无关紧要的、不起作用的"理由"还是不写为妙，更要避免出现相互矛盾的"理由"。

3）申请书的语言，一要准确，二要朴实，三要简洁明了，四要恳切。需要注意的是，语言表达的好坏会影响申请的效果。

6. "启事"和"启示"的区别

"启事"的"启"是"说明"的意思，"事"是指被说明的事情；"启示"的"启"是"开导"的意思，"示"是把事物摆出来或指出来让人知道。"启示"是指启发指示，开导思考，使人有所领悟。可见，"启事"和"启示"的含义截然不同，二者不能通用。无论是"征文启事"，还是"招聘启事"，都只能用"事"字，而不能用"示"字。

录入技巧

1）可联词消字定字的：电（视）、企（业）、发（布）、级（别）、原（本）、处（理）、视（察）、妙（招）、启（发）、事（实）、示（威）、摆（正）。

2）单音词须特定的：电（W:DINA）、及（X:GI）、对（X:DUE）、者（W:ZE）、做（W:DZO）、由（W:IUE）、时（W:XZ）、原（X:IUNA）、笔（W:BI）、处（XW:BZU）、党（W:DNO）。

3）全音码可以捆绑的：证明信、真实性、适用于、仅供参考、按手印、申请书、团组织。

4）须在提示行进行选择的：贺信（2）、喜事（3）、人物（2）、寿辰（2）、出具（5）、经历（2）、真实（2）、事件（3）、做出（2）、开具（2）、写作（2）、公章（2）、注明（3）、过期（3）、下级（2）、不予（2）、时机（3）、留学（2）、简洁（4）、启事（0）、启示（4）、开导（3）、指示（3）、征文（2）。

5）可以造词的：文体、是指、出国留学、招聘启事。

6）须分开单击的：在\为、为\其、所\写、不\太、为\之、就\小、要\写、不\写、一\要。

（四）听打录入小测

下面这篇短文共 1288 个字，请教师录制音频并播放，学生用亚伟码反复规范地听打，要求在 8 分 3 秒内完成听打录入（160 字/分），并且准确率在 98% 以上。

在工作、学习和生活中，人们常常为了有步骤地实现预定目标而制订计划，通过对工作进行回顾、分析，促进个人、团体进步而拟写总结；为了避免遗忘，提醒自己或他人相关事项而撰写备忘录；为了更好地提高工作效率而制定工作日志；为了深入了解某一具体事件而撰写调查报告。因此，掌握通用事务文书的写作知识和技能是不可或缺的。

1. 计划的概念与类型

计划是单位、部门或个人为了在一定时期内，高效率地完成某项具体工作或学习任务，而预先设计安排方法、措施、步骤的事务性文书。

计划的类型多种多样，根据不同的标准，可大致作如下分类。

根据内容不同，可分为工作计划、学习计划、生产计划、教学计划、科研计划等。

根据时间不同，可分为周计划、月计划、季度计划、年度计划、跨年度计划等。

根据性质不同，可分为综合性计划、专题性计划等。

根据适用范围不同，可分为个人计划、部门（单位）计划、国家计划等。

根据形式不同，可分为条款式计划、表格式计划、条款表格兼具式计划等。

2. 计划写作注意事项

制订计划一定要遵循国家的方针政策，符合上级的指示精神。

制订计划必须要从实际出发，具有可行性。计划的具体方法、措施、步骤是否具有可行性，直接影响计划能否实现。因此，在制订计划的过程中，必须要考虑客观条件，切忌拍脑袋定指标。

计划的方法、措施、步骤要具体明确且有层次性，这关系着计划能否顺利完成。

计划不可过于繁杂，应简洁明了，表述要准确，让人一目了然。

3. 总结的概念与类型

总结是单位、部门或个人对过去某一阶段的工作、学习等进行全面系统地回顾、分析和研究，从中找出成绩与经验、问题和不足，用以更好地指导今后实践活动而写的事务性文书。

总结的种类较多，根据不同的标准，一般可作如下划分。

根据内容不同，可分为工作总结、学习总结、生产总结、教学总结、思想总结等。

根据时间不同，可分为周总结、月总结、季度总结、年度总结等。

根据性质不同，可分为综合性总结、专题性总结等。

根据适用范围不同，可分为个人总结、部门（单位）总结、全国总结等。

4. 总结写作注意事项

写总结要坚持实事求是的原则，要完全按照客观事实进行拟写，不能对取得的成绩任意拔高。

　　写总结要全面，不能只写成绩，而对存在的不足避而不谈或是一笔带过。从某种角度来说，存在的问题比成绩有更大的反思价值，它能使我们在下次实践活动中避免类似问题的发生，以免酿成大祸。

　　总结的语言要准确、平实，不必用华丽的辞藻。

　　5. 备忘录的概念与类型

　　备忘录是用以提醒自己或他人以免忘却而将有关事务、活动等记录下来的事务性文书。

　　备忘录根据不同的标准，有不同的分类。

　　根据内容不同，可分为个人事务备忘录和单位事务备忘录。

　　个人事务备忘录，主要是为了避免遗忘而将要办理的事项提前记下，用于个人事务的记载。

　　单位事务备忘录，主要用于商务活动中，将会谈双方对某些问题所表达的意见、观点及承诺等做如实记录。

　　根据形式不同，可分为纸质版备忘录和电子版备忘录。

　　6. 备忘录写作注意事项

　　用于个人事务的备忘录，写法不拘一格，结尾不必签名或写上敬语。

　　用于单位事务的备忘录，要将双方达成的一致性意见和不一致性意见都写清楚，一致性意见可写清大意，不一致性意见则要分别写清楚。

录入技巧

　　1）可联词消字定字的：拟（议）、周（期）、（格）式、兼（并）、具（有）、祸（根）、记（得）、版（本）。

　　2）单音词须特定的：地（X:DI）、或（W:XGO）、可（X:XBG）、作（X:DZO）、周（X:ZEO）、月（X:IUE）、只（W:Z）、有（X:IEO）、使（X:XZ）、及（X:GI）、做（W:DZO）。

　　3）全音码可以捆绑的：备忘录、事务性、指示精神、可行性、电子版、一致性。

　　4）须在提示行进行选择的：遗忘（2）、日志（2）、事件（3）、事务（2）、写作（2）、知识（2）、技能（2）、适用（2）、简洁（4）、以免（2）、平实（3）、商务（2）、如实（2）、纸质（6）、敬语（6）、大意（2）。

　　5）可以造词的：某项、指导、拍脑袋、简洁明了、实践、一笔带过、酿成大祸。

　　6）须分开单击的：可\作、而\将、写\上、要\将、写\清。

任务二　语义提炼

❀【学习目标】

　　1）能够抓住关键语句，提炼关键词语。

　　2）能够过滤非关键信息，正确总结语义。

　　3）进一步提高中文速录的录入速度与正确率。

4）通过反复训练，能够达到 170 字/分以上的录入速度。

一、语义提炼的概念与方法

语义提炼是对信息的整理。若要顺利地完成这项任务，首先需要了解一下什么是语义提炼，为什么要进行语义提炼，都有哪些步骤和方法。

【学习步骤】

了解语义提炼的概念，掌握语义提炼的方法。

步骤 1：了解语义提炼的概念。

步骤 2：掌握语义提炼的方法。

（一）语义提炼的概念

语义是指语言所包含的意义，是客观现实在人们意识中的反映，它同语音形式结合后，就形成了语言单位，强调其客观存在的意义，一般指唯一的意义，即语言意义。语义可以指语素、词、词组、句子、句群、篇章这些语言单位本身所具有的意义，也可以指词语和词语相互配合组成语义结构后所产生或形成的隐层的关系意义。

提炼，是指弃芜求精的过程，即从芜杂的事物中找出有概括性的东西。

语义提炼，是指把一段文字的重要信息筛选、归纳、转换、概括出来。也就是说，要求速录师能从材料中提取出主要信息，并对相关信息进行有效的整合，最后能用简明的语言表述出来。

（二）语义提炼的方法

1. 筛选信息，舍次取主

筛选所给的信息，将次要信息（如修饰语、事例等）删去，只保留最主要的信息。

1）记叙性语段。记叙（陈述）一种现象（状态或事实），在语段中包含几个基本要素：时间、地点、人物、事件（起因、经过、结果）等。

2）议论性语段。对人或事物的好坏、是非、价值、特点、作用等发表看法、观点或主张。

3）说明性语段。通过揭示概念来说明事物特征、本质及规律。一般用于介绍事物的状态、构造、类别、功能，揭示事物的原理、含义、特点、演变等。

2. 找出主干，提取中心

每一个语段都应围绕一个中心内容展开。把符合中心内容的字词句挑选出来（筛选信息）；综合、归纳、概括相关信息（整合信息）。

1）提取中心句、主旨句。一般情况下，中心句出现在段首或段尾。

2）组合关键句或短语。

3）概括整合。用自己的语言提炼概括中心意思。

3. 划分层次，概括层意

对于内容复杂的语段，可以先给段落划分层次，把层次的内容概括组合，然后辨别主次，留主舍次。做到层次清晰，结构分明，内容全面。

4. 捕捉要点，提炼信息

一般来说，可采用先筛选、后提炼、再概括的思路，依据以下三个步骤捕捉要点。

1）明确题干要求。

2）明确关键语句。

3）提取关键词连缀。

知识链接

诠释 "三抓" "四要" 含义

1. "三抓"

"三抓"，即抓语境、抓关键词、抓修辞。

1）抓语境。一段文字中的几个句子在意义上、逻辑上及情感上必定存在着某些关系。因此，弄清楚前后句子之间的内在关系，对诠释这段文字的含义是十分重要的。

2）抓关键词。诠释这段文字的含义还可以从关键词入手。也就是说，分析其中的关键词有助于诠释整段文字。

3）抓修辞。一段文字中可能运用了修辞手法，如比喻、借代、双关等。根据这些修辞手法的特点，诠释这段文字，还原出平实的语言表达的意思就容易了。

2. "四要"

"四要"的含义包含以下四个方面。

1）对隐含在比喻、拟人等修辞手法中的信息，要紧扣语境把本来意思还原出来。

2）对隐含在重点词中的信息，要把言外之意表达出来。

3）对隐含在双关中的信息，要把字面意思和内在意思都表达出来。

4）对隐含在"空白处"的信息，要利用写实处的信息去捕捉"空白处"的隐含信息。

【拓展训练】

1）寻找一些带小标题的多段文字内容，将小标题删除后作为训练材料。

2）请学生根据每个段落的中心内容，为每个段落添加小标题。

3）请学生根据整篇文章的内容，试着提炼其中心内容。

【学习评价】

填写学习评价表，如表 3-2-1 所示。

表 3-2-1　学习评价表

考核知识点	考核标准	分值	自评分	小组评分	综合得分
语义提炼的概念	正确说出语义提炼的概念	15			
语义提炼的方法	能够总结语义提炼的方法	25			
语义提炼训练	根据所给的多段文字内容，为每个段落添加小标题	30			
	根据所给的整篇文章，提炼其中心内容	30			
总分		100			
教师指导意见					

二、重点内容的提取与概括

语义提炼要求把一段话中的主要内容和重要信息提取出来，再用简约的文字准确无误地概括出来。语义提炼的关键是分清主次、辨明轻重，既要全面概括，又不能遗漏重要信息。

【学习步骤】

抓住关键语句，提炼关键词语。

步骤 1：提取材料要点。
步骤 2：根据原意，准确概括其内容。

（一）提取材料要点

有些材料段落，详细具体地描述了某个概念，要求用一句话进行概括。这时，就需要根据材料，准确提取要点并加以整合。下面通过例题来介绍如何提取材料要点。

【例 3-2-1】对"创造性思维"的定义，概括最准确的一项是（　　　）。

创造思考教学以培养创造性思维为目标。创造性思维具有以下特点：创造性思维的结果对于思考者或者文化而言，具有新颖性和价值；创造性思维是非传统的，具有高度机动性和坚持性的思维活动；创造性思维的任务是将原来模糊的、不明确的问题清楚地勾画出来，或提出某种方案加以解决。

A. 创造性思维不是陈旧的或没有价值的、非传统的、具有高度机动性和坚持性的思维活动，而是一种能清楚地勾画和解决问题的思维活动

B. 创造性思维是一种新颖而具有价值的、非传统的，而且能清楚地勾画和解决问题的思维活动

C. 创造性思维是一种新颖而具有价值的、非传统的、具有高度机动性和坚持性，而且能清楚地勾画和解决问题的思维活动

D．创造性思维是一种具有高度机动性和坚持性，而且能清楚地勾画和解决问题的思维活动

答案：C

【解析】首先要依据材料，准确筛选出"创造性思维"的三个特点。观察第二句话，从第一个分句中筛选出关键信息"具有新颖性和价值"，从第二个分句中筛选出关键信息"非传统的，具有高度机动性和坚持性"，从第三个分句中筛选出关键信息"清楚地勾画出来……加以解决"。然后整合对照选项，确定答案为C。

（二）准确概括内容

有的材料内容，通过列举一些素材表达了一个明确的观点，虽然在字面上有所体现，但不准确。这时，需要综合文段素材，准确概括其所要表达的信息，如下面的例题。

【例 3-2-2】阅读下面这段材料，最适合做这段文字标题的一项是（　　　　）。

目前江西省生态示范区的面积占全省面积的 57.3%，全省森林覆盖率达 60.05%，居全国第 2 位。江西省生态示范区依托丰富的森林生态资源，建有 99 个森林公园，其中国家级 35 个，居全国第 1 位；拥有自然保护区 156 个，其中国家级 8 个，居全国第 2 位，得天独厚的生态优势成为推动江西低碳经济发展的极强后劲。

A．低碳经济快速发展　　　　　　　B．江西森林覆盖率居全国前列

C．江西森林生态资源丰富　　　　　D．绿色生态成为优势

答案：D

【解析】文段中列举了江西省大量的生态资源，该资源是江西省低碳经济发展的后备力量，并未提到低碳经济"快速"发展，排除 A 项。文段中提到的资源以森林资源为主，但并不只说江西省的森林覆盖率居全国前列，所以 B 项不全面，也可排除。文段中提到了江西省森林生态资源丰富，但目的是表明该生态状况是一大优势，是江西省低碳经济发展的后备力量，排除 C 项。整个文段都在围绕绿色生态展开叙述，故正确答案为 D。

知识链接

新闻导语、新闻标题与一句话新闻的拟写

1. 新闻导语的拟写

新闻导语是新闻的纲领和中心所在，一般可以从新闻导语中得到对整个新闻的总印象。写新闻导语的要点是用精练的语言将信息的主要内容概括出来，要交代清楚人、事、地及主旨。常用叙述式、描写式和结论式等。

标准的新闻导语一般包括：时间+地点+主体事件+（主体事件发生的必要的）条件或原因+主体事件的简约过程+状态、结果、影响或发展趋势。

2. 新闻标题的拟写

新闻标题的拟写通常要求的是一行标题的概写，即对新闻中最主要的内容作出概括和说明。新闻标题一般为短句，有时是较对称的两个短句（或对偶句），也可用人或物等名称作标题，有时可直接表明主题，有时也可用比喻、反问、设问等方式给人留下思考、回味的余地，促使人读完全文。

新闻标题拟写应注意：题文一致、一语破的、旗帜鲜明、生动活泼、字数限制。

3. 一句话新闻的拟写

一句话新闻要把信息中最基本、最核心的内容用一句话表达出来，通常采用陈述句式：人物+事件+时间+地点+原因。人物和事件构成主谓句，时间和地点作为状语，原因或作状语或安排于分句中，也可用对偶句。

新闻导语、新闻标题与一句话新闻所提取的都是新闻五要素：who（对象）、what（事件）、when（时间）、where（地点）、why（原因），其中"who + what"（什么人做了什么事）是最主要的表述，其余几个"w"包括了消息的其他信息。

（资料来源：北京市速记协会培训中心培训资料。）

【拓展训练】

1）寻找一些 400～500 字的新闻稿或说明文，提取材料要点。
2）根据上述材料，概括中心内容。
3）根据上述材料，进一步提炼 20 字的关键内容。
4）请学生继续挑战，总结一句话核心内容。

【学习评价】

填写学习评价表，如表 3-2-2 所示。

表 3-2-2　学习评价表

考核知识点	考核标准	分值	自评分	小组评分	综合得分
提取材料要点	能够分析判断关键信息	20			
准确概括内容	能够提炼关键词语	15			
	能够准确概括内容	15			
重点内容的提取与概括训练	能够根据所给材料，概括中心内容	20			
	能够根据所给材料，正确提炼关键内容	15			
	能够根据所给材料，巧妙概括核心内容	15			
总分		100			
教师指导意见					

三、内容摘要训练

内容摘要训练的目的是提高学生提取与整合中心信息及用规范的文字准确地表述观点的能力。

【学习步骤】

过滤非关键信息，正确总结语义。

步骤 1：中心信息的提取与整合训练。
步骤 2：用规范文字准确地表述观点训练。

（一）中心信息的提取与整合训练

有的材料文字多，读者希望迅速了解其内容，这时就需要将材料的主要信息提取出来，整合为"内容提要"。

根据下列材料，归纳硅谷的成功经验，字数不超过 90 字。

硅谷的成功经验

1. 硅谷的形成和发展是市场化的产物

在硅谷，企业通过市场化运作实现自主创新的高技术成果产业化，政府很少直接介入，而是通过制定各种适当有效的政策措施和完善的法律制度来推动企业的成长，如为新成立的企业免费（或只收取少量租金）提供临时工作场所，为企业家免费提供培训，允许大学、研究机构、非营利机构和小企业拥有联邦政府资助发明的知识产权等。

2. 拥有美国约 50% 的风险投资基金

美国风险投资规模已占世界风险投资的一半以上，美国约 50% 的风险投资基金都设在硅谷，风险投资和硅谷的发展形成了一种相互促进的良好循环机制。风险投资对硅谷高技术产业的发展起到重要的推动作用，英特尔公司、谷歌公司、苹果公司等都是靠风险投资发展起来的高技术公司。

3. 学校与企业联系非常紧密

硅谷拥有斯坦福大学、加州大学伯克利分校等著名大学和多所专科学校、技工学校、私立专业学校。这些学校特别注重新理论、新结构、新工艺的研究与开发，而且与企业共同建立研究所，共同研究新技术、开发新产品，彼此之间的联系非常紧密。学校与企业之间的合作，不仅有利于科研成果的迅速转化，而且有利于为企业培训技术和管理人才，这是双赢的结果。更为重要的是，许多大学和科研机构人员直接投资兴办企业。

4. 拥有先进的鼓励机制

在硅谷，众多的高技术公司都采用股票期权的形式，即员工有权在一定时期内（如两年或三年）用事先约定的价格购买公司一定数量的新股，而期末股价高低变化所体现的员工利益及风险与员工在这段时间内的创新努力几乎是结合起来的。此外，硅谷还有技术配股、职务发明收益分享等鼓励机制。

5. 形成了独特的文化

硅谷在高科技产业发展的特殊环境中逐步形成了独特的文化，对高科技产业的进一步发展壮大产生了巨大影响。勇于创业，宽容失败，激发了员工大胆尝试、勇于探索的创新热情；崇尚竞争，使员工既着力于自身能力和水平的不断提高，又注重在竞争中向对手学习；讲究合作性，使硅谷形成一种"拿"与"给"的双向知识交谈氛围；容忍跳槽、鼓励裂变，有益于技术扩散和培养经验丰富的企业家。

（资料来源：2016 年深圳市公务员录用考试《申论》试卷（B 类），略有改动。）

请学生各自完成中心信息的提取与整合，教师组织全班学生进行评比、分析和讨论。

（二）用规范文字准确地表述观点训练

有时，我们需要把一些材料用一句话进行阐述以方便传达，这就要求我们仔细阅读理解材料的中心思想，使用规范的文字加以准确地表达。

请学生完成下面的训练内容，分别从 4 个选项中选择 1 个最符合题意的选项。

现代社会的发展越来越依靠能源，尤其是电力。如果我们还想继续过着像现在一样舒服的生活，那么无论是现在还是未来，保持能源的持续供给都是非常重要的。所以，节约能源和开发可再生新能源是各国乃至全世界都要为之奋斗的重要目标。（　　　）

A. 通过节约和开发，保持能源的持续供给，维持舒适的生活

B. 依靠电力的持续供给，我们能在未来继续享受生活

C. 我们的奋斗目标是继续过舒适的生活

D. 我们的奋斗目标是保持能源的持续供给

教师组织全班学生按答案的不同分组讨论，分别分析、阐述自己的理由，最后教师公布标准答案并分析理由。

知识链接

国际速录大赛内容摘要真题

国际速录大赛是当今世界地位最高、影响力最大的速录行业赛事之一，被誉为"速录界的奥林匹克"竞赛，是速录行业国际组织成员展示和交流速录技能的重要平台。

国际速录大赛的内容摘要赛项的规程如下。

首先，比赛是多语种共同比赛。先由竞赛委员会设立的该赛项专门裁判主席负责提供英文原始赛题。再由各个国家的裁判长根据英文原始赛题精确翻译为本国语言的赛题。比赛时，所有参赛选手都会得到自己所使用的语言的赛题，并由本国的裁判长根据统一的规则进行评判，最后由赛项裁判主席统分并确认成绩和名次。

其次，题目内容为整体讲述一个完整话题，带总标题、小标题。比赛要求分别对小标题下的段落内容做摘要。

下面内容为 2013 年在比利时根特举办的国际速录大赛的内容摘要赛项的真题及评判参考。

未来需要节约能源，推广可再生资源

1. 关于化石燃料

化石燃料，看上去是个不太容易理解的名字，不过我们可以把它简单地解释为煤炭、石油、天然气等资源的统称。这些化石燃料是埋藏在地下或者海洋下的，经过几百年逐渐形成的。一般来讲，化石燃料是现在人类使用的最主要的能量来源。举例来

说，我们需要汽油来发动汽车，取暖也离不开这些燃料。近两年来，我们开始意识到化石燃料有两点主要的劣势。首先，化石燃料是有限的、不可再生的。所以，当我们用尽了地球上的煤炭、石油和天然气后，这些资源就不会再出现了。其次，化石燃料的使用会对环境产生负面的影响。就如我们所知，它们燃烧后会排出有害气体。

2. 节约能源的重要性

一般而言，首先我们想到的是节约日常能源使用开支。例如：汽车、家庭、办公室、工厂等使用的能源。在这里，我们必须要说的是，让大家看到节约能源所得到的积极效果是非常必要的。因此，让我们来看一下个人情况。日常生活中，我们可以使用节能型家用电器，家里的屋顶和墙壁使用保温材料，这样就可以节省你的水电费，这是所有人都希望的。从全球范围来看，节约能源就是要尽量减少对有限的化石燃料的开采，使它们尽量能够长久使用。另外，节约能源的同时也可以保护环境，因为节约能源的使用，可以减少有害气体的排放。

3. 化石燃料可以被什么代替呢

尽管我们很努力地做着节约能源的工作，但在不久的将来，煤、石油、天然气依然会越来越少，成为稀缺资源，从而会更加的昂贵。所以，找到化石燃料的替代品就成为必然。近几年来，核能成了众所周知的化石燃料替代品。虽然核能现在已经被广泛应用，但它存在两大缺陷：一是核能的使用是伴随着灾难的，有可能会引起放射性损害；二是核废料的处理也是一个难点。鉴于化石燃料和核能的缺点，可再生资源或者所谓的绿色能源成为未来代替化石燃料的最佳选择。我们可以用太阳能发电，用风力和水力带动涡轮机来发电，还可以开发地热能源，作为生活取暖的能源。

4. 可再生资源现在充当的角色与其预期角色

现在有各种各样的可再生资源，还有很多能作为绿色能源的资源我们没有提到。举例来说，生物燃料是通过树木或者其他植物的萃取物经过加工而形成的。然而，现在可再生新能源的消费量只占全球能源消费量的15%。这种情况下，它们还不能成为化石燃料的可靠替代品。现在，人们已经将开发使用这些可再生资源作为新的目标，不仅在各国内，同时在国际上也将展开。欧盟设定的总体目标是，到2020年实现可再生新能源的消费量占全球能源消费量的20%。

5. 未来发展要依靠能源利用率

现代社会的发展越来越依靠能源，尤其是电力。没有电，整个城市的交通、通信都会处于停滞状态；工厂和医院也要停工；水龙头将不会有水流出，居民也将购买不到食物。到时候，只有住在乡村的居民会有一线生机，广大的居民会退回到勉强糊口的地步。如果我们还想像现在一样舒服生活的话，保持能源的持续供给是非常重要的，无论是现在还是未来。所以，节约能源和开发可再生新能源是各国乃至全世界都为之奋斗的重要目标。

[评判参考]

1. 关于化石燃料（共 18 分）

煤炭[1]、石油[2]和天然气[3]统称为化石燃料[4]（6 分）

化石燃料是人类[3]最重要的[1]能量来源[2]（4 分）

化石燃料[1]有两点[2]主要的劣势[3]（2 分）

化石燃料是有限的[1]（不可再生的）（2 分）

化石燃料的使用[1]会给环境[3]带来负面的影响[2]（4 分）

2. 节约能源的重要性（共 20 分）

节约能源[1]首先我们想到的是节约日常能源使用[2]开支[3]（4 分）

这样就可以节省[1]你的水电费[2]（2 分）

节约能源可以使不可再生的化石燃料[1]持续的长久[2]（6 分）

节约能源的使用，可以减少有害气体的排放[2]，保护环境[1]（6 分）

3. 化石燃料可以被什么代替呢？（22 分）

化石燃料[1]会越来越少[2]，越来越昂贵[3]（4 分）

因此，我们需要替代品[1]（2 分）

核能[1]作为化石燃料的替代品，有两大缺陷[2]（4 分）

使用核能伴随着灾难性[1]，也会产生核废料[2]（4 分）

最佳替代品[1]是可再生能源（绿色能源）[2]（4 分）

包括太阳能[1]、风能[2]、水能[3]和地热[4]（4 分）

4. 可再生资源现在充当的角色与其预期的角色（共 20 分）

现在有各种各样的[1]能源作为可再生能源[2]的资源[3]（4 分）

可再生新能源的消费量[2]只占全球能源消费量[3]的 15%[1]（6 分）

为了缓解这种状况[1]，人们已经将开发使用这些可再生资源作为新的目标[2]（4 分）

欧盟的目标[1]是到 2020 年[3]，实现可再生新能源的消费量占到全球能源消费量的 20%[2]（6 分）

5. 未来发展要依靠能源利用率（共 20 分）

现在城市[1]的各项功能[2]都离不开能源[3]（4 分）

没有能源[1]，我们的生活会退回[2]到勉强糊口的地步[3]（6 分）

通过节约能源[1]和开发可再生新能源[2]（6 分）

保持能源[1]的持续供给[2]（4 分）

（注：评判参考中关键词以粗体显示，上脚标编号顺序表示重要性，供配分参考。）

（资料来源：中国中文信息学会速记专业委员会。）

【拓展训练】

模拟国际速录大赛内容摘要进行比赛。

1）将学生分成若干小组。

2）以小组为单位组建裁判组。

3）每个裁判组出一道模拟国际速录大赛内容摘要比赛题。

4）全班学生完成除自己所出题目以外的其他比赛题。

5）各个裁判组分别判卷。

6）全班讨论各裁判组所出题目，从中进一步领会语义提炼的要旨。

【学习评价】

填写学习评价表，如表 3-2-3 所示。

表 3-2-3　学习评价表

考核知识点	考核标准	分值	自评分	小组评分	综合得分
中心信息的提取与整合	信息的重要度与完整度	30			
用规范文字准确地表述观点	文字的规范性与准确性	30			
内容摘要训练	制作一份内容摘要题目	20			
	完成答题情况	20			
总分		100			
教师指导意见					

综合训练二

（一）看打录入练习

下面这篇短文共 1343 字，用亚伟码反复规范地看打，要求在 7 分 54 秒内完成看打录入（170 字/分），并且准确率在 98% 以上。

1. 工作日志的概念与类型

工作日志是为了提高工作效率、避免遗忘而将当天的工作安排记录下来的事务性文书。

工作日志根据不同的标准，有不同的分类。

（1）按媒介形式分类

按媒介形式分，可分为纸质工作日志和电子工作日志。

纸质工作日志是通过传统的手工填写而形成的，使用起来简单方便，在何处都可以独立使用，不过修改起来比较麻烦，且只能供一人使用，填写的空间有限。

电子工作日志一般是通过计算机上的日志管理软件建立而成的，也可以通过 Word、Excel 等办公软件自行拟定模板，按照对应的时间输入工作任务即可。电子工作日志修改和更新内容非常方便，并且可以实现多人共同编辑，填写的位置也基本不受限制，但前提是先要拥有一个可以使用的电子设备。

（2）按表现形式分类

按表现形式分，可分为表格式工作日志和条款式工作日志。

表格式工作日志，即采取表格的形式编写工作日志。表格式工作日志适用于任何情况，具有直观的特点，使人一目了然。

条款式工作日志，即采取条文的形式编写工作日志。条款式工作日志适用于工作任务不多的情况，工作任务一旦较多，文字内容就多，采取条款式工作日志会给人一种混乱的感觉，不够清晰直观。

2. 工作日志写作注意事项

1）工作日志的要素应齐全，如时间、工作内容、地点、备注等。

2）填写工作日志必须准确、完整，如有变动要及时更新。

3）安排的任务之间要留有弹性时间，一方面是劳逸结合，稍作休息；另一方面是给上一项工作任务出现突发情况需要拖延时，留有空隙。

3. 调查报告的概念与类型

调查报告是通过各种调查方法，对某一有影响的事件、问题等进行调查，进而对所获得的信息进行整理、归纳和研究分析后而形成的书面报告。

调查报告按照不同的标准，有不同的分类。

（1）根据范围不同分类

根据范围不同，可分为综合性调查报告和专题性调查报告。

综合性调查报告，较全面地反映某一事件或问题，涉及面广，具有综合性。

专题性调查报告，就某一事件或问题的某一个方面进行具体的调查研究，涉及面单一，但更有深度。

（2）根据内容不同分类

根据内容不同，可分为经验调查报告、事件调查报告、现象调查报告等。

经验调查报告，对某些成功的经验、做法进行调查并做详细介绍，其目的是方便人们进行学习推广。

事件调查报告，主要有两类：一类是反映社会生活中新事物的发展过程，以及它的价值和意义、特点和规律、目前存在的不足等，调查研究的目的是为了促进这类新事物的健康发展；另一类是反映对社会造成恶劣影响的事件的根源和真相，调查分析此类事件产生的原因、根本性质、教训等，其目的是为了警醒人们，提高对此类事件的认识，并启发人们深度思考。

现象调查报告，主要是反映社会现实生活中具有倾向性的情况（如物价上涨、社会风气变迁等），其目的是让相关组织了解情况、做出预测，并及时制定相应措施。

4. 调查报告写作注意事项

1）调查对象一定要有典型性，而不是特殊现象或个别例子，不能以偏概全。

2）所收集的材料要客观、真实、全面，尽量收集第一手资料。资料的真实性直接影响整篇调查报告的价值和意义，没有真实的资料，就不能得出正确的结论，自然就会失去其价值。

3）分析材料时要尊重材料的客观真实性，避免主观臆断，不能夹杂个人的主观倾向。

4）调查报告的表达方式主要是夹叙夹议，叙述客观事实，寓理于事，最后分析得出调查结论。

录入技巧

1）可联词消字定字的：按（照）、供（给）、格（式）、稍（息）、项（目）、整（洁）。

2）单音词须特定的：使（X:XZ）、要（X:IAO）、时（W:XZ）、地（X:DI）、做（W:DZO）、篇（W:BGINA）。

3）全音码可以捆绑的：事务性、以偏概全、真实性、真实的。

4）在提示行进行选择的：日志（2）、遗忘（2）、纸质（6）、只能（2）、即可（5）、不受（2）、写作（2）、事件（3）、此类（2）、做出（2）、制定（2）、例子（2）、真实（2）。

5）可以造词的：反映、夹叙夹议、寓理于事。

6）须分开单击的：一\人、上\的、先\要、表\格式、就\会。

（二）看打录入小测

下面这篇短文共 1521 字，用亚伟码反复规范地看打，要求在 8 分 57 秒内完成看打录入（170 字/分），并且准确率在 98%以上。

在日常工作、生活中，一些社会机构借助报纸、广播、期刊等大众传播媒介，对社会生活、重大政治活动及时作出报道和宣传时需要用到新闻稿；个人在公众场合阐述己方观点、宣传方针政策、分享经验理念、交流思想感情时需要用到演讲稿；在日常工作中，单位内部用来沟通交流、汇报工作、反映情况时需要用到简报。因此，掌握传播应用文书的写作技能非常必要。

1. 新闻的概念

"新"即新近、新鲜、新奇，"闻"即见闻。新闻是对国内外的社会生活或重大事件中新近发生的、有价值的、有趣的事与物加以及时报道和传播的应用文体。新闻的概念有广义和狭义之分：广义的新闻包括消息、通信、特写、评论等多种新闻类题材；而狭义的新闻专指消息。

新闻一般有"六要素"，也称"5W+1H"，即 When（何时）、Where（何地）、Who（何人）、What（何事）、Why（何因）、How（何果）。在新闻写作中要把这六要素交代清楚。

2. 新闻的类型

新闻按照划分依据不同，可分为不同的种类。按报道的主题内容不同，分为政治类新闻、财经类新闻、军事类新闻、体育类新闻等；按传播的范围不同，分为国际新闻、国内新闻，国内新闻还可分为全国性新闻和区域性新闻；按传播内容的不同，分为人物新闻、事件新闻、综合新闻等。消息又称为狭义的新闻，分为动态消息、综合消息、经验消息、述评消息等。

3. 新闻的特点

1）新鲜性。新鲜性是指新闻报道的内容新鲜，如新人、新事、新物、新理念等。

2）真实性。真实性是新闻报道的根本原则，如新闻的组成要素、背景材料、引用分析等都真实可靠，符合客观事实。

3）快速性。快速性要求新闻写作迅速、及时，当天事件第一时间拟写完毕并传播，传播时机恰当，以保证新闻的新鲜性和时效性。

4）简短性。简短性要求新闻的语言表达要简明扼要，叙述的篇幅要短小精悍，事件细节要精练典型。

4. 演讲稿的概念及适用范围

演讲稿是演讲者在某些特定场合、会议上发表见解前拟写的讲话底稿，也称演说词。演讲稿属于讲话稿。

在日常工作、生活和学习中，演讲稿适用于表达和阐述观点、介绍和交流经验、宣传和推广理念等，其目的是让听众、读者与演讲者产生思想上、感情上的共鸣，具有较强的宣传与鼓动作用。

5. 演讲稿的类型

演讲稿按照不同的标准，划分为不同的种类。

按表达技巧不同，分为议论性演讲稿、叙事性演讲稿、抒情性演讲稿等。

按演讲性质不同，分为政治类演讲稿、学术类演讲稿、教育类演讲稿、凭吊类演讲稿、竞聘类演讲稿等。

按演讲形式不同，分为法庭辩论稿、即兴演讲稿、命题演讲稿等。

6. 演讲稿的特点

（1）内容的倾向性

演讲是一种特殊场合的交流活动，是演讲者、听众、场合这三者借助演讲稿而呈现的讲话类表演。因此，演讲稿是根据受众的文化水平、职业类别、接收信息的习惯，以及演讲的场合来写的，以达到启发、影响和感召听众的效果。

（2）表述的鼓动性

演讲的目的是以情感人、以理服人、以行带人，这就要求演讲稿的内容既要有严密的逻辑、深度的剖析、热情的鼓动及强烈的感染，又能感人肺腑、发人深省、催人奋进。

（3）语言的通俗性

演讲主要是通过讲的形式传播演讲者的想法。因此，演讲稿的语言必须兼顾听众和演讲者两者的角度，语言上要通俗化、口语化、形象化，表述上要考虑听众易听、易懂、易记及演讲者易讲，避免听众听觉疲劳与注意力分散。

7. 演讲稿的写作要求

（1）主题明确

演讲稿要针对不同场合和不同对象来选题，一文一中心，分层次、多角度地深入分析并阐述问题。

（2）材料典型

演讲稿在选材过程中，需要选择有代表性、影响力、新鲜感的材料，能言简意赅地力证主题，并应具有吸引力、感染力、说服力和趋向力。

（3）结构简明

演讲稿不同于普通的文章，主要用于现场演说，在其结构上要层次分明，思路清晰，不宜复杂，以便于听众接受。

录入技巧

1）可联词消字定字的：闻（一）、事（实）、物（体）、专（门）、指（出）、何（不）、果（实）、拟（议）、稿（子）、既（怕）、易（于）、懂（得）、记（得）、力（气）、证（件）。

2）单音词须特定的：即（XW:GI）、称（X:BZNE）、以（X:I）、又（XW:IEO）、化（X:XGW）、讲（W:GINO）。

3）全音码可以捆绑的：时效性、适用于、以情感人、以理服人。

4）在提示行进行选择的：理念（2）、简报（2）、写作（2）、技能（2）、文体（2）、何时（2）、人物（2）、称为（2）、新人（2）、真实（2）、时机（3）、简短（3）、精练（2）、适用（2）、见解（2）、鼓动（2）、叙事（2）、凭吊（2）、竞聘（2）、受众（2）、接收（2）、兼顾（2）、不宜（2）。

5）可以造词的：背景、以行带人、发人深省、以便于。

6）须分开单击的：用\到、之\分、还\可、一\中心、并\应。

（三）听打录入练习

下面这篇短文共 1582 字，请教师录制音频并播放，学生用亚伟码反复规范地听打，要求在 9 分 19 秒内完成听打录入（170 字/分），并且准确率在 98%以上。

1. 简报的概念与使用范围

简报是各级机关、企事业单位、社会团体传递内部信息的一种简短且及时的情况报道。简报有时也可称为"××动态""××信息""××通信""简讯""内部参考"等。

简报的使用范围较广，主要用于沟通、交流、指导、宣传，即单位内部向上级汇报情况、帮助领导掌握下级动态、向下级传达领导意图或提出意见与建议、与平行机关或不相隶属单位交流经验或协调工作等，也可宣传国家政策法规、编发传播民声。

2. 简报的类型

简报按照内容和性质来分，可分为工作简报、专题简报、会议简报、动态简报。

工作简报又称为情况简报、业务简报。工作简报是最常见的一种简报，主要用于报告重大问题、重要情况的处理，本单位、本部门、本系统之间互通信息、探讨问题、交流工作，传达上级精神、指导下级工作等。

专题简报是针对某个时期的核心工作或重大事项专门编发的简报，通常是一种阶段性简报。

会议简报是在会议期间传达、交流会议重要事项，跟进会议准备和进展情况，反映与会者意见和建议的专用简报。该类简报一般指定由会议的主持部门或大会秘书处编发。编发时间可以在会议期间，也可以在会议结束后。

动态简报是指反映本单位、本部门、本系统内部发生的新情况、新思想、新动态的简报。

3. 简报的特点

1）精。"精"体现在以下几方面：一是简报的篇幅短小精悍，字数不能超过千字；二是简报的语言简明精练，不写空话，用最少、最平实的文字将情况交代清楚即可；三是内容专业精准，简报一般由有关部门或单位主办编写，专业性强，准确性高。

2）快。简报具有新闻的特点，必须讲求时效性。因此，对作者的要求是思维和行动的敏捷，反应快、分析快、采编快、写作快、印发快、传播快。

3）新。一方面，简报的内容要新鲜，反映新事物、新动态、新理念等；另一方面，简报的题材或观点要新颖，写入简报的内容通常是关键点、创新点、项目特色等，以便快速引起观众的兴趣。

4）活。"活"体现在以下几方面：一是简报的形式、形态灵活，可以只发一期或分多期编发，可以只写一篇，也可以集结多篇一起发表；二是简报的作用灵活，上情下达、下情上传、平级互通皆可。

4. 意向书的概念与特点

意向书是初次发生经济关系的双方或多方在进行合作之前，通过初步谈判，就合作事宜表明基本态度、提出初步设想、表达当事双方合作意愿的专用文书。意向书具有以下4个特点。

1）意向性。意向书的内容是双方达成的初步意向，并非具体的目标和实施方法，意向书的具体内容是经过协议双方或多方一致同意的，能表达双方或多方的共同意愿。

2）暂时性。意向书是双方或多方共同协商的产物，是对今后具体合作做出的安排或提出的设想，表达的是双方谈判的初步成果，为今后的谈判做铺垫，因此一旦谈判深入，并最终确定合作双方的权利和义务，意向书的使命便宣告结束。

3）一致性。意向书要求签订双方或多方在某一事项上达成共识，要求签订双方或多方有共同意向、共同目标才能确定下来，意向书的内容是双方初步洽谈后一致同意的原则性意见。

4）信誉性。合作意向书一般不具有法律约束力，但关系到商业信誉。

5. 意向书的写作格式

（1）标题

意向书的标题一般由"项目名称+文种"构成，如"合资建立××企业意向书""关于共同建造××宅基地的意向书"，或是直接以"合作意向书"或"意向书"作为标题。

（2）正文

意向书的正文中需要写明双方或多方一致同意的条款。正文可以分为开头和主体两个部分。

开头。开头须写明签订意向书的依据、缘由、目的，一般以"就……，现达成如下合作意向"等固定格式的过渡句引出下文。

主体。意向书正文的主体部分应以条文的形式说明合作涉及的各项内容，主要包括合作概述、合作事项、双方或多方的责任和义务、保密协议、违约责任、补充内容及其他事项等。

（3）落款

意向书的落款需要写明签订双方或多方的法定名称并由各方代表签字，同时要写明签订日期并盖章，有的意向书还需要在日期上方注明签订地点。

录入技巧

1）可联词消字定字的：声（音）、精（神）、当事（人）。

2）单音词须特定的：广（W:GUNO）、向（X:XINO）、由（W:IEO）、活（X:XGO）、只（W:Z）、发（W:XBUA）、写（X:XIE）、须（W:XIU）、现（X:XINA）。

3）全音码可以捆绑的：企事业、互通信息、意向书、达成共识、宅基地。

4）须在提示行进行选择的：简报（2）、称为（2）、指导（2）、下级（2）、编发（2）、千字（6）、精练（2）、即可（5）、写作（2）、印发（2）、集结（2）、皆（6）、事宜（4）、意愿（3）、达成（3）、意向（3）、文种（3）、缘由（4）、应以（3）、上方（3）、注明（3）。

5）可以造词的：上情下达、下情上传、平级互通、过渡句、涉及。

6）须分开单击的：也\可。

（四）听打录入小测

下面这篇短文共 1568 字，请教师录制音频并播放，学生用亚伟码反复规范地听打，要求在 9 分 13 秒内完成听打录入（170 字/分），并且准确率在 98%以上。

在各类经济活动中，为了优选合作单位，将竞争机制引入经济活动，人们常常会在订立合同的前期，用到招标书、投标书；在订立合同的过程中，当事人双方经过前期的调查研究，一般以意向书的形式明确双方或多方合作的某种愿望或初步设想；经济文书是从事各行业工作的人员在处理公务、沟通信息、解决问题、科学管理中不可缺少的重要工具。因此，掌握常用经济文书的写作技能，将有助于提升职场竞争力。

1. 合同的概念

合同又称为契约或协议，是当事人之间设立、变更、终止民事关系的协议。它是平等民事主体的法人、其他组织、个体工商户等，为实现一定的目的，明确相互权利义务关系时订立的专用文书。

2. 合同的类型

《中华人民共和国民法典》第三编第二分编列举了典型合同的 19 种类型。由于合同的业务性质和内容或多或少都与经济活动相关，在一定程度上也可视其为经济合同。

（1）买卖合同

买卖合同是出卖人转移标的物的所有权于买受人，买受人支付价款的合同。

（2）供用电、水、气、热力合同

供用电合同是供电人向用电人供电，用电人支付电费的合同。供用水、供用气、供用热力合同，参照适用供用电合同的有关规定。

（3）赠与合同

赠与合同是赠与人将自己的财产无偿给予受赠人，受赠人表示接受赠与的合同。

（4）借款合同

借款合同是借款人向贷款人借款，到期返还借款并支付利息的合同。

（5）保证合同

保证合同是为保障债权的实现，保证人和债权人约定，当债务人不履行到期债务或者发生当事人约定的情形时，保证人履行债务或者承担责任的合同。

（6）租赁合同

租赁合同是出租人将租赁物交付承租人使用、收益，承租人支付租金的合同。

（7）融资租赁合同

融资租赁合同是出租人根据承租人对出卖人、租赁物的选择，向出卖人购买租赁物，提供给承租人使用，承租人支付租金的合同。

（8）保理合同

保理合同是应收账款债权人将现有的或者将有的应收账款转让给保理人，保理人提供资金融通、应收账款管理或者催收、应收账款债务人付款担保等服务的合同。

（9）承揽合同

承揽合同是承揽人按照定做人的要求完成工作，交付工作成果，定做人给付报酬的合同。

（10）建设工程合同

建设工程合同是就承包人进行工程建设，发包人支付价款等事宜订立的合同，主要包括工程勘察合同、设计合同、施工合同。

（11）运输合同

运输合同是就承运人将旅客或者货物从起运地点运输到约定地点，而旅客、托运人或者收货人支付票款或者运输费用等相关事宜订立的合同。

（12）技术合同

技术合同是当事人就技术开发、转让、咨询或者服务等事宜订立的确立相互之间权利和义务的合同。

（13）保管合同

保管合同是就保管人保管寄存人交付的保管物，到期返还该物等事宜订立的合同。

（14）仓储合同

仓储合同是就保管人储存存货人交付的仓储物，存货人支付仓储费等事宜订立的合同。

（15）委托合同

委托合同是就委托人和受托人约定，由受托人处理委托人事务等事宜订立的合同。

（16）物业服务合同

物业服务合同是物业服务人在物业服务区域内，为业主提供建筑物及其附属设施的维修养护、环境卫生和相关秩序的管理维护等物业服务，业主支付物业费的合同。

（17）行纪合同

行纪合同是就行纪人以自己的名义为委托人从事贸易活动，委托人支付报酬等事宜订立的合同。

（18）中介合同

中介合同是中介人向委托人报告订立合同的机会或者提供订立合同的媒介服务，委托人支付报酬的合同。

（19）合伙合同

合伙合同是两个以上合伙人为了共同的事业目的，订立的共享利益、共担风险的协议。

3. 合同的主要内容

合同的主要内容是指合同当事人之间的权利和义务。虽然合同的类型很多，但具体到每一个合同的法律关系也不相同。从合同当事人确定的相互权利义务关系的角度来看，合同的各项条款主要包括以下 8 个方面：①当事人的名称或者代表姓名和住所；②标的；③数量；④质量；⑤价款或酬金；⑥履行期限、地点和方式；⑦争议解决方式；⑧违约责任。

录入技巧

1）可联词消字定字的：书（本）、编（辑）、气（息）。

2）单音词须特定的：或（W:XGO）、种（W:ZUEO）、于（X:IU）、电（W:DIAN）、时（W:XZ）。

3）全音码可以捆绑的：当事人、意向书、各行业、买受人、租赁物、发包人、物业费。

4）须在提示行进行选择的：订立（2）、写作（2）、技能（2）、职场（4）、契约（2）、终止（3）、主体（2）、价款（2）、适用（2）、无偿（2）、事宜（4）。

5）可以造词的：分编、供用、保理合同、保理人、存货人、行纪合同。

6）须分开单击的：第三\编、都\与。

任务三　会议纪要撰写

🌸 **【学习目标】**

1）了解会议纪要的概念、内容和特点。

2）掌握会议纪要的结构形式。

3）通过反复训练，能够达到 180 字/分以上的录入速度。

一、会议纪要的概念、内容和特点

法定性会议、工作会议、例会一般在会后都要形成会议纪要。下面来了解一下什么是会议纪要，会议纪要包括哪些内容，会议纪要都有什么特点。

【学习步骤】

了解会议纪要的概念、内容和特点。

步骤 1：了解会议纪要的概念。

步骤 2：了解会议纪要的内容和特点。

（一）会议纪要的概念

会议纪要是记载和传达会议情况及其议定事项的书面材料，是在会议记录的基础上分析、综合、提炼而成的，用来概括反映会议精神和会议成果的文件。

（二）会议纪要的内容

1. 会议情况简述

简述部分要写明以下内容。

1）召开会议的目的。

2）会议的时间、地点、与会人员等要素。

3）会议所讨论的问题与讨论的成果。

2. 会议主要精神的阐述

1）具体阐述会议讨论的问题及基本结论。

2）阐述会议所作出的正式决定。

（三）会议纪要的特点

1. 内容的纪实性

会议纪要应如实反映会议内容，不能离开会议实际进行再创作，不能人为拔高、深化和填平补齐，否则就失去了内容的客观真实性，违反了纪实性要求。

2. 表达的要点性

会议纪要是根据会议情况综合而成的。撰写会议纪要应围绕会议主旨和主要成果来整理、提炼、概括，重点是介绍会议成果，而不是记述会议的过程。

3. 称谓的特殊性

会议纪要一般采用第三人称的写法，常以"会议"作为表述主体，如"会议认为""会议指出""会议要求""会议号召"等称谓。

知识链接

会议纪要和会议记录的区别

会议纪要与会议记录都是会议文书，二者的主要区别如下。

1. 性质不同

会议纪要是法定行政文书，是正式的公文文种，通常要在一定范围内传达或传阅，甚至要求贯彻执行。

会议记录属于事务文书，是会议情况的记录，只是原始材料，不是正式公文，一般不公开，无须传达或传阅，只作为资料存档。

2. 功能不同

会议纪要在一定范围内传达或传阅。会议记录一般不公开。

3. 形成时间不同

会议纪要需要在会后根据会议记录整理制发。会议记录在会议过程中同步形成。

4. 对象不同

会议纪要主要记述重要会议情况，只有当需要向上级汇报或向下级传达会议精神时，才有必要将会议记录整理成会议纪要。

会议记录一般是有会必录，凡属正式会议都要做记录，作为内部资料，用于存档备查及进一步研究问题和检查总结工作的依据。

5. 作用不同

会议纪要经过上级机关审批，就可以作为正式文件印发，有的还直接在报刊上发表，让有关单位贯彻执行，因此它对工作有指导作用。

会议记录不具备指导工作的作用，一般不向上级报送，也不向下级分发，只作为资料保存。

6. 写法不同

会议纪要有选择性、提要性，不一定要包括会议的所有内容，而且必须在会议结束后，在会议记录的基础上加工整理而成，它集中反映了会议的精神实质，具有高度的概括性和鲜明的政策性。

　　会议记录作为客观纪实材料，无选择性、提要性，要求原原本本地记录原文原意，而且必须随着会议进程进行，越详细越好。

　　7. 字数不同

　　会议纪要是按一定的格式要求，根据会议记录对会议要素所做的综合提炼，字数多在千字以内。

　　会议记录通常是有闻必录，内容很多，字数往往能够达到数千字乃至上万字。

（资料来源：中国中文信息学会速记专业委员会。）

【拓展训练】

　　1）会议类公文有多种，请学生列出几种主要的会议公文。
　　2）针对各种会议公文，请学生对比其主要异同。

【学习评价】

　　填写学习评价表，如表 3-3-1 所示。

表 3-3-1　学习评价表

考核知识点	考核标准	分值	自评分	小组评分	综合得分
会议纪要的概念	正确说出会议纪要的概念	25			
会议纪要的内容	正确说出会议纪要的内容	25			
会议纪要的特点	正确说出会议纪要的特点	25			
会议公文的种类及比较	正确说出会议公文的种类及比较	25			
总分		100			
教师指导意见					

二、会议纪要的结构形式

　　会议纪要作为法定行政文书，要遵循一定的结构形式来撰写。会议纪要的结构通常包括标题和正文两个部分。

【学习步骤】

　　掌握会议纪要的结构形式。

　　步骤 1：掌握会议纪要标题的格式。
　　步骤 2：掌握会议纪要正文的组成及撰写方法。

（一）会议纪要的标题

1. 会议纪要标题的格式

会议纪要的标题有两种格式：一种是"会议名称+纪要"，如"全国职业教育工作会议纪要"；另一种是把会议的主要内容在标题中揭示出来，类似于文件标题式，如"关于加强廉政建设工作座谈会纪要"。

2. 会议纪要的文号与时间

（1）文号

文号在标题的正下方，由年份、序号组成，用阿拉伯数字全称标出，并用"〔〕"括入，如"〔2015〕67号"。办公会议纪要对文号一般不做要求，但在办公例会中一般要有文号，如"第××期""第××次"，写在标题的正下方。

（2）时间

会议纪要的时间可以写在标题的下方，或写在正文的右下方、主办单位的下面，要用阿拉伯数字写明年、月、日，如"2015年9月1日"。

（二）会议纪要的正文

会议纪要的正文由导言、主体和结尾三部分组成。

1. 导言

导言即会议纪要的开头部分。一般是概括会议的基本情况，包括会议的名称、目的、内容、时间、地点、规模、参加人员、主要议题和会议成果等。导言要简明扼要，让人们读后对会议有个总体的了解。

2. 主体

主体是会议纪要的核心部分。它根据会议的中心议题，按主次、有重点地写出会议的情况和成果，包括对工作的评价、对问题的分析、会议议定的事项、提出的要求等。

主体的写法一般有三种：条项式、综合式和摘要式。

（1）条项式

条项式是把主题内容，包括讨论的问题和一定的事项按主次一条一条列出来，每一条写一个问题，使其条理化，内容清晰，重点突出，一目了然，便于执行。

（2）综合式

综合式是把会议的内容或一定事项进行综合概括，分成若干部分。这是一种比较普遍的写法。一般把主要、重要的内容放在前面，次要、一般性的内容放在后面。用于批转的会议纪要多采用这种写法。

中文速录（中级）

（3）摘要式

摘要式是把与会者具有典型性、代表性的发言要点摘录出来，按发言的先后顺序或按内容性质拟写。这种写法能够尽量保留发言人谈话的风格，避免一般化和千篇一律，而且比较客观、具体。

3. 结尾

结尾的一般写法是发出号召、强调重点和提出希望，但也要根据会议的内容和纪要的要求，进行有针对性的撰写。

（1）发出号召

这种结尾以会议名义向本地区或本系统发出号召，要求有关部门、人员认真贯彻执行会议精神，起到提振信心、鼓舞斗志的作用。

（2）强调重点

有的会议要求有关方面认真贯彻落实，在结尾中突出强调贯彻落实会议精神的关键问题、核心问题，以引起有关方面的高度重视。

（3）提出希望

对于项目启动会、工作推进会、部门协调会等，通常要在结尾对会议做出简要评价，同时提出希望和要求，提醒有关单位积极采取行动。

知识链接

一份真实的会议纪要

我国是国际信息与通信处理联合会（以下简称"国际速联"）的会员。2009年，该组织在北京举办了第47届国际速联大会及比赛。2014年，该组织在上海举办了国际速联中央全会（以下简称"上海会议"）。下面这份会议纪要来自中国中文信息学会速记专业委员会，是为组织这次重要会议而召开的第一次筹备会。会议涉及不同类型的多个单位以及多个方面的领导及相关人员，对"上海会议"进行了初步的部署。通过这份会议纪要，我们可以切身感受当年组织这场国际会议的真实情景。

"2014年国际速联常委会暨2014年国际速录论坛"的筹备会纪要

2014年3月13日下午，在九三学社北京市委会议室召开了"2014年国际速联常委会暨2014年国际速录论坛"的筹备会。北京市政协常委、九三学社北京市委副主委、北京九三王选关怀基金会秘书长方炎，北京市速记协会理事长、外交部档案局原局长、曾担任毛主席和周总理速记员的廉正保，国际速联教育委员会、中国中文信息学会、北京九三王选关怀基金会、北京市速记协会四个单位的负责人参加了会议（名单附后）。国际速联教育委员会主席、九三学社中央组织部原副部长唐可立经上述单位的推荐主持了该会议。会议就筹备召开好"2014年国际速联常委会暨2014年国际速录论坛"的意义、目标及相关工作进行了热烈讨论，并达成了以下共识，纪要如下：

一、已成立130多年的国际速联，现有37个会员国，其宗旨是通过联谊活动增进业内人士的友谊，通过学术交流与技能比赛促进速记技术的发展。国际速联现在全名为

· 150 ·

国际信息与通信处理联合会（International Federation for Information and Communication Processing Union），原名译为国际速记打字联合会（International Federation for Shorthand and Typewriting），简称为 INTERSTENO，翻译为"国际速联"，简称一直沿用至今。该联合会每年交替召开一次国际速联大会（包含比赛）或国际速联中央委员会暨 IPRS（学术交流）会议，是一个活跃度较高且有一定影响力的非官方团体。在 2013 年于比利时根特召开的第 49 届国际速联大会上，中国速记代表团不仅在比赛中取得了优异的成绩，还被选为五个常务理事国之一，同时从美国等申办国中争取到召开"2014 年国际速联常委会暨 2014 年国际速录论坛"的主办权。其主要原因是各国代表很想亲眼见证中国速记迅速发展的实际情况，当然也包含他们对上海这个充满奇迹的大都市的憧憬与向往，因此他们一致提出如果会议在中国召开，会址一定要放在上海。筹备会的参会人员一致认为，召开好"2014 年国际速联常委会暨 2014 年国际速录论坛"对提高中国在世界上的影响力，推动促进国际国内速记事业的发展，促进世界对中国的了解，提升中国国家形象具有重要意义，符合十八大提出的扎实推进公共外交和人文外交的新理念精神。为此，要充分发挥中国组织活动能力强的特点，充分调动国内速记界的力量，广泛谋求多方面的支持开好这次会议。

二、1993 年，中国文献信息速记学会在中共中央党校成立，中共中央党校副秘书长傅宪斌与著名速记专家、九三学社成员唐亚伟教授担任会长。成立大会上，即形成了加入国际速联，由唐亚伟带团参加当年在伊斯坦布尔召开的第 40 届国际速联大会的请示报告。报告批复后，中国速记代表团顺利成行并成为国际速联的正式成员。2003 年，中共中央党校因不便作为学会领导，学会人员并入中国科学技术协会领导的中国中文信息学会，并在其下的速记专业委员会继续开展国际速记交流活动。曾担任中国中文信息学会副理事长的王选先生，后来以"当代毕昇"的崇高声望成为全国政协副主席、九三学社的主要领导人。唐亚伟与他开创的亚伟速记早在抗战时期就得到九三学社创始人许德珩先生的赏识与支持。改革开放后，唐亚伟发明的亚伟中文速录机获得国家发明二等奖，又得到九三学社新一代领导的关心与支持。这次由九三学社中央主管的北京九三王选关怀基金会直接加入"2014 年国际速联常委会暨 2014 年国际速录论坛"的筹备工作，从多方面给予支持与帮助，是对国际国内速记界的大力支持，使得参加筹备会的速记工作者们倍加感动、备受鼓舞，除纷纷表示感谢外，更有信心开好这次会议。

三、中国速记代表团在争取到这次会议的主办权后，由中国中文信息学会向中国科学技术协会呈文；代表团团长廉正保同志回国后即向中共中央对外联络部协调局汇报了中国速记界在国际速联的工作，并寻求他们的支持。中共中央对外联络部相关领导对中国速记界的这项工作给予了充分肯定，并主动联系上海外事办公室请他们给予支持。其间，中国中文信息学会按中国科学技术协会的要求向上海外办呈文并得到其同意在上海召开此次会议的批复，并推荐上海市科协予以支持。目前，中国科学技术协会已正式批复中国中文信息学会举办此次"2014 年国际速联常委会暨 2014 年国际速录论坛"。

四、"2014 年国际速联常委会暨 2014 年国际速录论坛"将于 2014 年 10 月 21—25 日在上海召开。会期 5 天（含报到一天），会议规模约 150 人，其中外籍人员约 100 人，会议开幕式上拟请上海市领导（致欢迎词）、国际速联主席（致感谢词）和筹备组主席（介绍会议筹备工作）做讲话。会议将安排开幕式、三次中央委员会会议、一次执委会会议、一次裁判工作会、三次 IPRS 会议、一次速记教学参观（拟参观上海工商外国语职业学院或上海政法学院），一次市容市貌的游览式参观活动。按惯例安排一次正装宴会，希望上海市领导能够参加并致辞。

五、成立会议筹备组，由自愿参加"2014 年国际速联常委会暨 2014 年国际速录论坛"筹备工作的单位组成。筹备组的职责是负责会议的前期筹备、广泛寻求支持单位、筹措会议经费、单位间的联络与协调，以及建立工作班子做好寻找会址、文件起草、宣传造势、接待服务等会务工作。国际速联将在会后以书面及纪念品形式对所有为促进国际、国内速记事业给予支持的单位表示诚挚的感谢。筹备组为开放形式，凡愿意支持这项工作的单位可随时申请加入，经筹备组商请已有单位同意后即可成为筹备组成员。

六、中国中文信息学会为"2014 年国际速联常委会暨 2014 年国际速录论坛"的归口管理单位，也是本次会议的主要筹办单位。

七、由北京九三王选关怀基金会和北京市速记协会筹集第一笔费用作为会议保底费，会议经费由北京九三王选关怀基金会管理。

【拓展训练】

1）寻找一些会议纪要的资料。
2）请学生分析上述会议纪要资料，标记出会议纪要的结构形式。
3）请学生根据上述会议纪要资料，分组扮演不同的与会者，模拟还原这场会议。

【学习评价】

填写学习评价表，如表 3-3-2 所示。

表 3-3-2　学习评价表

考核知识点	考核标准	分值	自评分	小组评分	综合得分
会议纪要标题	正确说出会议纪要标题的格式	30			
会议纪要正文	正确说出会议纪要正文的组成	20			
	正确说出应如何撰写会议纪要正文	20			
会议纪要拓展训练	正确收集会议纪要资料	10			
	正确分析会议纪要内容	15			
	能够分角色扮演与会者，模拟现场会议	5			
总分		100			
教师指导意见					

三、拟写及制发会议纪要的要求

会议纪要不仅要符合正确的结构形式，而且要在拟写和制发等环节符合相应的要求，以保证会议纪要的严肃性和严谨性。

【学习步骤】

了解拟写及制发会议纪要的相关要求。

步骤1：了解拟写会议纪要的要求。

步骤2：了解制发会议纪要的操作程序及要求。

（一）拟写会议纪要的要求

经过领导签发的会议纪要是会议的正式文件。因此，文件应简短扼要、观点鲜明、确切说明事项，不必发表议论和交代情况。拟写会议纪要的要求有以下三点。

1. 实事求是

会议纪要一定要本着实事求是的原则，真实地反映会议情况和与会者的观点，不能夹杂拟写者个人的主张和好恶，也不应发表议论等。

2. 突出中心议题

会议纪要应反映会议的中心议题，不能把会议中与会议议题无关的内容都写入会议纪要中。拟写者要对会议记录内容去粗取精，提炼归纳。

3. 条理清晰，语言准确

会议进行中可能会出现比较复杂的局面。例如，在某些问题上会反复讨论、有些语言比较随意、有的内容可能一时无法得出结论而暂时跳过、先讨论别的议题等。拟写者在会议纪要中要理清会议脉络，用准确的语言阐述观点，使人一目了然。

（二）制发会议纪要的操作程序及要求

1. 结合会议记录编写会议纪要

会议纪要是记载和传达会议情况及其议定事项的书面材料，是在会议记录的基础上分析、综合、提炼而成，用来概括反映会议精神和会议成果的文件。起草、编写会议纪要应结合会议记录，认真整理，仔细核对，确保会议纪要在完善会议记录的基础上加工而成。让会议纪要准确、完整地传达会议精神，为会后落实会议决定事项或会议精神奠定基础。

2. 征求意见，完善会议纪要

会议纪要初稿形成后，根据会议内容可征求与会相关部门的意见，以便加以补充和修改，使之更加完善。

3. 确定印发范围

印发会议纪要只限于日常工作会议，对于大型会议和专业会议，因为都有正式文件和决议，一般不再印发会议纪要。相关人员应根据会议性质和会议纪要的内容来决定印发范围。

1）绝密级会议纪要只印发与会领导。

2）一般会议可印发与会人员，并视情况加发会议内容与决定涉及的部门。

3）有些保密性强，不需部门知道纪要全部内容，只需了解有关会议决定事项的，可印发会议决定事项通知，即决办通知。会议纪要、决办通知都要标明密级，并进行编号。

4. 确认接收者

相关人员应根据印发的范围，将会议纪要发送到相应接收者手中，并要求接收者签字确认。

> **知识链接**
>
> ### 党政机关公文处理工作条例
>
> #### 第一章 总 则
>
> 第一条 为了适应中国共产党机关和国家行政机关（以下简称"党政机关"）工作需要，推进党政机关公文处理工作科学化、制度化、规范化，制定本条例。
>
> 第二条 本条例适用于各级党政机关公文处理工作。
>
> 第三条 党政机关公文是党政机关实施领导、履行职能、处理公务的具有特定效力和规范体式的文书，是传达贯彻党和国家的方针政策，公布法规和规章，指导、布置和商洽工作，请示和答复问题，报告、通报和交流情况等的重要工具。
>
> 第四条 公文处理工作是指公文拟制、办理、管理等一系列相互关联、衔接有序的工作。
>
> 第五条 公文处理工作应当坚持实事求是、准确规范、精简高效、安全保密的原则。
>
> 第六条 各级党政机关应当高度重视公文处理工作，加强组织领导，强化队伍建设，设立文秘部门或者由专人负责公文处理工作。
>
> 第七条 各级党政机关办公厅（室）主管本机关的公文处理工作，并对下级机关的公文处理工作进行业务指导和督促检查。

第二章 公 文 种 类

第八条 公文种类主要有：

（一）决议。适用于会议讨论通过的重大决策事项。

（二）决定。适用于对重要事项作出决策和部署、奖惩有关单位和人员、变更或者撤销下级机关不适当的决定事项。

（三）命令（令）。适用于公布行政法规和规章、宣布施行重大强制性措施、批准授予和晋升衔级、嘉奖有关单位和人员。

（四）公报。适用于公布重要决定或者重大事项。

（五）公告。适用于向国内外宣布重要事项或者法定事项。

（六）通告。适用于在一定范围内公布应当遵守或者周知的事项。

（七）意见。适用于对重要问题提出见解和处理办法。

（八）通知。适用于发布、传达要求下级机关执行和有关单位周知或者执行的事项，批转、转发公文。

（九）通报。适用于表彰先进、批评错误、传达重要精神和告知重要情况。

（十）报告。适用于向上级机关汇报工作、反映情况，回复上级机关的询问。

（十一）请示。适用于向上级机关请求指示、批准。

（十二）批复。适用于答复下级机关请示事项。

（十三）议案。适用于各级人民政府按照法律程序向同级人民代表大会或者人民代表大会常务委员会提请审议事项。

（十四）函。适用于不相隶属机关之间商洽工作、询问和答复问题、请求批准和答复审批事项。

（十五）纪要。适用于记载会议主要情况和议定事项。

第三章 公 文 格 式

第九条 公文一般由份号、密级和保密期限、紧急程度、发文机关标志、发文字号、签发人、标题、主送机关、正文、附件说明、发文机关署名、成文日期、印章、附注、附件、抄送机关、印发机关和印发日期、页码等组成。

（一）份号。公文印制份数的顺序号。涉密公文应当标注份号。

（二）密级和保密期限。公文的秘密等级和保密的期限。涉密公文应当根据涉密程度分别标注"绝密""机密""秘密"和保密期限。

（三）紧急程度。公文送达和办理的时限要求。根据紧急程度，紧急公文应当分别标注"特急""加急"，电报应当分别标注"特提""特急""加急""平急"。

（四）发文机关标志。由发文机关全称或者规范化简称加"文件"二字组成，也可以使用发文机关全称或者规范化简称。联合行文时，发文机关标志可以并用联合发文机关名称，也可以单独用主办机关名称。

（五）发文字号。由发文机关代字、年份、发文顺序号组成。联合行文时，使用主办机关的发文字号。

（六）签发人。上行文应当标注签发人姓名。

（七）标题。由发文机关名称、事由和文种组成。

（八）主送机关。公文的主要受理机关，应当使用机关全称、规范化简称或者同类型机关统称。

（九）正文。公文的主体，用来表述公文的内容。

（十）附件说明。公文附件的顺序号和名称。

（十一）发文机关署名。署发文机关全称或者规范化简称。

（十二）成文日期。署会议通过或者发文机关负责人签发的日期。联合行文时，署最后签发机关负责人签发的日期。

（十三）印章。公文中有发文机关署名的，应当加盖发文机关印章，并与署名机关相符。有特定发文机关标志的普发性公文和电报可以不加盖印章。

（十四）附注。公文印发传达范围等需要说明的事项。

（十五）附件。公文正文的说明、补充或者参考资料。

（十六）抄送机关。除主送机关外需要执行或者知晓公文内容的其他机关，应当使用机关全称、规范化简称或者同类型机关统称。

（十七）印发机关和印发日期。公文的送印机关和送印日期。

（十八）页码。公文页数顺序号。

第十条　公文的版式按照《党政机关公文格式》国家标准执行。

第十一条　公文使用的汉字、数字、外文字符、计量单位和标点符号等，按照有关国家标准和规定执行。民族自治地方的公文，可以并用汉字和当地通用的少数民族文字。

第十二条　公文用纸幅面采用国际标准 A4 型。特殊形式的公文用纸幅面，根据实际需要确定。

第四章　行 文 规 则

第十三条　行文应当确有必要，讲求实效，注重针对性和可操作性。

第十四条　行文关系根据隶属关系和职权范围确定。一般不得越级行文，特殊情况需要越级行文的，应当同时抄送被越过的机关。

第十五条　向上级机关行文，应当遵循以下规则：

（一）原则上主送一个上级机关，根据需要同时抄送相关上级机关和同级机关，不抄送下级机关。

（二）党委、政府的部门向上级主管部门请示、报告重大事项，应当经本级党委、政府同意或者授权；属于部门职权范围内的事项应当直接报送上级主管部门。

（三）下级机关的请示事项，如需以本机关名义向上级机关请示，应当提出倾向性意见后上报，不得原文转报上级机关。

（四）请示应当一文一事。不得在报告等非请示性公文中夹带请示事项。

（五）除上级机关负责人直接交办事项外，不得以本机关名义向上级机关负责人报送公文，不得以本机关负责人名义向上级机关报送公文。

（六）受双重领导的机关向一个上级机关行文，必要时抄送另一个上级机关。

第十六条　向下级机关行文，应当遵循以下规则：

（一）主送受理机关，根据需要抄送相关机关。重要行文应当同时抄送发文机关的直接上级机关。

（二）党委、政府的办公厅（室）根据本级党委、政府授权，可以向下级党委、政府行文，其他部门和单位不得向下级党委、政府发布指令性公文或者在公文中向下级党委、政府提出指令性要求。需经政府审批的具体事项，经政府同意后可以由政府职能部门行文，文中须注明已经政府同意。

（三）党委、政府的部门在各自职权范围内可以向下级党委、政府的相关部门行文。

（四）涉及多个部门职权范围内的事务，部门之间未协商一致的，不得向下行文；擅自行文的，上级机关应当责令其纠正或者撤销。

（五）上级机关向受双重领导的下级机关行文，必要时抄送该下级机关的另一个上级机关。

第十七条　同级党政机关、党政机关与其他同级机关必要时可以联合行文。属于党委、政府各自职权范围内的工作，不得联合行文。

党委、政府的部门依据职权可以相互行文。

部门内设机构除办公厅（室）外不得对外正式行文。

（资料来源：中共中央党校（国家行政学院）. 党政机关公文处理工作条例[EB/OL].（2016-04-21）[2021-11-25]. https://www.ccps.gov.cn/zt/lxyzxxjy/dnfgzd/201812/t20181211_117240.shtml，节选。）

【拓展训练】

设计一场会议纪要比赛。

1）将学生分成若干小组。

2）以小组为单位组建裁判组。

3）每个裁判组出一道会议纪要比赛题，包括会议录音。

4）全班学生完成除自己所出题目以外的其他比赛题，要求听会议录音做会议记录，根据会议记录整理会议纪要。

5）各个裁判组分别判卷。

6）全班讨论各裁判组所出题目，从中进一步理解会议纪要。

【学习评价】

填写学习评价表，如表 3-3-3 所示。

表 3-3-3 学习评价表

考核知识点	考核标准	分值	自评分	小组评分	综合得分
拟写会议纪要	正确说出拟写会议纪要的要求	25			
制发会议纪要	正确说出制发会议纪要的操作程序及要求	25			
会议纪要比赛	设计一道会议纪要比赛题目	25			
	完成答题情况	25			
总分		100			
教师指导意见					

综合训练三

（一）看打录入练习

下面这篇短文共 1885 字，用亚伟码反复规范地看打，要求在 10 分 28 秒内完成看打录入（180 字/分），并且准确率在 98% 以上。

1. 合同的遵循原则与法律效力

（1）合同的遵循原则

签订合同是一种法律行为，因此当事人在签订合同时必须遵循一定的原则。

遵守国家法律和行政法规。在签订合同时，必须遵守国家法律和行政法规，这是最基本的原则，当事人只有在遵循这一原则的前提下签订的合同，才能得到国家的认可和具有法律效力，当事人的利益才能受到保护。

平等互利、协商一致。在签订合同时，应当遵循平等互利、协商一致的原则。首先，合同当事人的法律地位平等，无论是法人、个体工商户，还是国有企业、私营企业等，它们的法律地位都是平等的，任何一方不能强迫他方，不能要求不平等的权利。其次，当事人在签订合同时，必须坚持协商一致的原则，即签订合同是当事人自愿的行为，是建立在当事各方自愿的基础上的；在签订合同时，当事人必须进行充分协商，只有经过充分协商，并考虑到各方利益，才能最终达成一致协议，实现各自的经济目的。

诚实信用。诚实信用原则要求当事双方或多方在签订合同时，主观上没有损害国家、社会利益和他人利益的意识，做到不欺诈、不规避法律、恪守信用、尊重商品交易的道德和习惯、尊重社会公德。

（2）合同的法律效力

合同的法律效力是指合同依法签订并受到国家法律保护后，当事人双方必须受到国家法律和行政法规的约束，否则就要接受法律的制裁。合同的法律效力主要表现在以下 4 个方面。

当事人必须按照合同约定全面履行各自的义务，不能违反合同。

当事人需要变更和解除经济合同时，必须依照符合法定条件和法定程序的流程，必须依法变更和解除合同，当事人任何一方不得擅自变更和解除合同。

一方违约，造成合同不能履行或不能完全履行时，违约的一方要承担相应的违约责任。

由于合同而产生的纠纷，任何一方均可依据约定向仲裁机构申请仲裁，或向人民法院起诉。

2. 合同的写作格式

合同的写作格式主要由标题、正文和落款3部分组成。

（1）标题

合同的标题应表明合同的性质和内容，其结构为"内容+性质+文种"，也可以省略内容，直接由"性质+文种"格式构成标题，如房屋租赁合同、借款合同等。

（2）正文

正文首先应注明合同当事人名称或当事人姓名及住所。当事人是指签订合同的双方或多方单位的当事人的姓名。名称可以简称甲方、乙方、出租方、承租方、委托人、受托人等，以便在叙述合同条款时行文方便。比较重要的合同还要在当事人姓名上方或右上方注明合同编号、签订时间、签订地点等。

引言部分应写明签订合同的目的、根据、是否经过双方平等协商等内容。可以利用"根据……为了……经双方协商一致，签订本合同"等惯用语过渡到正文主体部分。

正文主体部分应说明经济合同的主要内容，一般采用条款式结构，主要内容的具体写法如下。

标的：标的是合同当事人权利和义务的共同指向对象；在签订经济合同时，标的必须明确，否则合同就无法顺利执行；标的可以是实物，也可以是非实物，可以是货物、劳务，也可以是工程项目。

数量和质量：标的的数量是标的的具体量化指标，以数字和计量单位来衡量的标的是计算标的价款的直接依据；质量是对标的内在特征和品质的规定，如成分、品种、等级、保质期等，同样必须有明确的说明。

价款或酬金：价款或酬金是合同中一方以货币数量形式付给另一方标的的代价，用以体现标的的价值；以货物或工程为标的的经济合同，其代价体现为价款；以劳务为标的的合同，其代价体现为酬金；无论是货物或工程涉及的单位价格与总价款，还是劳务涉及的酬金的单价标准和计算方法，都需要在合同中有明确、具体的体现。

履行期限、地点和方式：履行期限是指合同当事各方权利义务执行的时间界限，如购销合同的期限表现为供方的交货时间、需方的付款时间；履行地点是指完成经济合同内容、具体履行义务的地点，如交货、运货、承建等的地点；履行方式是指当事人履行义务的方式，如购销合同中，供方是分批交货还是一次性交货，是提货还是送货，用什么方式运输等，都需要详细说明。

争议解决方式：争议解决方式是指当合同履行过程中出现争议或纠纷时应如何解决问题，是由各方当事人友好协商，还是提请仲裁，还是向人民法院上诉等，都需要在合同中说明清楚。

违约责任：违约责任是指对不按合同规定履行义务的违约行为的制裁措施，是维护合同各方合法权益的保证。

合同附则：主要包括合同的生效时间、有效期限、合同份数、保管方式等，有的合同还有表格、图纸、实样等附件。

（3）落款

合同的落款要注明合同各方单位名称，有法定代表人及委托代理人签名，双方当事人加盖印章，写明各方当事人的地址、电话、邮政编码、传真号码、开户银行名称、账号等。若有签证或公证单位，应写明签证或公证单位的名称、代表人姓名，加盖公章或私章。最后，写明合同的签订日期。

录入技巧

1）单音词须特定的：即（XW:GI）、均（X:GIU）。

2）全音码可以捆绑的：保质期。

3）须在提示行进行选择的：它们（2）、诚实（2）、意识（2）、解除（2）、文种（3）、简称（2）、出租方（2）、实物（3）、交货（3）、承建（2）、附则（2）、注明（3）、附件（2）、公证（2）、私章（2）。

4）可以造词的：运货、实样、账号。

（二）看打录入小测

下面这篇短文共 1406 字，用亚伟码反复规范地看打，要求在 7 分 49 秒内完成看打录入（180 字/分），并且准确率在 98%以上。

1. 产品说明书的概念与特点

产品说明书又称为商品说明书，是一种以说明为主要表达方式，用平实易懂的语言向消费者介绍商品性能、规格、特征、原理、使用和保养方法、用途及注意事项等知识的文书，其目的是使消费者了解某种商品的组成材料及使用方法等。

产品说明书具有以下 4 个特点。

（1）真实性

真实性是指产品说明书的内容要真实可靠。产品的使用涉及千家万户，如果撰写产品说明书时夸大其词、胡乱鼓吹，会造成严重的后果，轻则损害消费者利益，重则会对消费者的人身安全造成威胁。

（2）易懂性

易懂性是指产品说明书使用的语言不要过于深奥专业。由于很多消费者没有相关的专业知识，太过专业或生僻的语言会造成一定的阅读障碍。所以，在撰写产品说明书时，最好使用通俗易懂的语言，清楚明白地介绍产品，这样消费者在面对注意事项时，才能做到心中有数，使用产品时才能更得心应手。

（3）指导性

指导性是指产品说明书不仅要包含产品规格、功效、组成等基本内容，还要包含操作、使用、维修等方面的内容，以引导消费者正确、有效地使用。

（4）条理性

消费者在使用某项产品（尤其是不熟悉的产品）时，通常会逐项阅读产品说明书上的相关内容后再进行使用。产品说明书包含的内容一般较多，为了让消费者将产品的相关方面了解清楚，产品说明书的写作应具有条理性。

2. 产品说明书的类型

产品说明书的应用领域非常广泛，根据不同的划分标准，可以将其分为不同的类型。

1）按用途划分，可分为使用说明书、维修说明书、修理和替换零件的说明书，以及专业用具、设备和材料的说明书等。

2）按行业划分，可分为工业产品说明书、农产品说明书、金融产品说明书、保险产品说明书等。

3）按写作形式划分，可分为条文（条款）式产品说明书、图文式产品说明书、表格式产品说明书和综合式说明书等。

4）按产品包装划分，可分为外包装式说明书和内包装式说明书等。

5）按内容划分，可分为详细产品说明书和简要产品说明书等。

6）按语言划分，可分为中文产品说明书、外文产品说明书和中外文对照产品说明书等。

7）按性质划分，可分为特殊产品说明书和一般产品说明书等。

3. 产品说明书的写作格式

（1）标题

标题有两种组合方式：一种是由"产品名称+文种"构成，如"海尔洗衣机使用说明书"；另一种是由"产品品牌+型号+产品名称+文种"构成，如"飞利浦 MX9211 电动牙刷使用说明书"。

（2）正文

产品说明书的正文就是主体部分，不同产品的说明书所包含的内容不同，其侧重点也不相同，篇幅有长有短。以下是不同类型的产品在说明书正文中应包含的内容。

食品药物类：应包含产品名称、成分、特点、性状、规格、作用、适用范围、使用方法、注意事项、储藏方法、保质期等。

日用生活品类：应包含产品的构成、规格型号、适用对象、使用方法、注意事项等。

大型机器设备类：应包括结构特征、技术特性、安装方法、使用方法、功能作用、维修保养、运输、储存、售后服务范围及方式、注意事项等。

家用电器类：应包括产品的构成、使用对象、使用方法、功能、注意事项等。

设计类：设计说明书是工程、机械、建筑、产品、装潢、广告等行业对整个设计项目进行全盘构想、统筹规划，并对工作图样进行解释和说明的技术性文书，简单的可写在设计图样上，复杂的则单独成文或装订成册。

（3）结尾

产品说明书的结尾一般是一些附文的内容，如生产厂家的名称、地址、电话号码、生产日期、客服电话、电子邮箱地址、网址等内容，以方便消费者与生产者进行联系、沟通与反馈。

录入技巧

1）可联词消字定字的：指（出）、轻（易）、重（要）、项（目）、逐（一）、（样）式。

2）单音词须特定的：又（XW:IEO）、则（X:DZE）、按（X:AN）、等（X:DNE）。

3）全音码可以捆绑的：真实性、指导性。

4）须在重码提示行中进行选择的：称为（2）、真实（2）、知识（2）、机器（2）、装潢（2）。

5）可以造词的：易懂性、海尔洗衣机、装订成册、附文、电子邮箱。

6）须分开单击的：将\其。

7）须自定义的：飞利浦 MX9211。

（三）听打录入练习

下面这篇短文共 1833 字，请教师录制音频并播放，学生用亚伟码反复规范地听打，要求在 10 分 11 秒内完成听打录入（180 字/分），并且准确率在 98% 以上。

1. 广告文案的概念

广告文案是一种通过文字表现广告信息的文书，是对广告内容的文字化体现。在广告中，文案与图案同等重要，图案具有前期冲击力，而广告文案则具有较深的后期影响力。要想达到这种效果，要求广告文案的作者具有较强的应用文写作能力。

2. 广告文案的写作原则

（1）真实性原则

真实性原则是广告文案写作的首要原则。广告文案的真实性在很大程度上决定了消费者能否得到真实、准确的信息，能否产生对应的符合真实状态的情绪，能否产生正确的消费意向。只有符合真实性原则的广告文案才符合"以人为本"的广告理念。广告文案应展示真实的广告信息，是对消费者最好的服务形式。

真实性原则是广告文案的生命所在、力量所在。如果违背了真实性原则，广告文案就会因为失真而丧失可信度，丧失可信度的广告文案将毫无生命力和价值。

（2）原创性原则

原创性能够赋予广告文案独特的吸引力和生命力。广告文案如果不具备原创性，就吸引不了消费者的注意力，也不能造成震撼力，更无法给消费者留下持久的印象。由于现代社会中同类商品越来越多，同质化越演越烈，信息发布铺天盖地，一般表现形式很难引起目标受众注意，原创性原则更应该作为广告文案遵循的一个重要原则。

原创的意义并不仅仅是形式上的"想人所未想，发人所未发"，还应体现在表现手法上的原创和信息内容上的原创这两个方面。表现手法上的原创可以是创造新的表现形式，也可以是发掘前人所创造的有意味的形式，而后运用现代的形式与理解去重新组合成一种新的形式，赋予新的含义。信息内容上的原创，主要是指要让广告文案寻找到独特的信息进行表现，寻找到能让产品在同类中跳出来吸引人的新信息。

（3）有效传播原则

有效传播是指通过沟通，建立品牌与目标消费者之间的独特关系，赋予品牌生命和灵魂，让消费者能够轻易地将该品牌与其他竞争品牌区别开来，能够给消费者亲切的感觉。要想更好地达到这一目的，就应当更加重视有效传播原则，使产品能够真正与消费者之间产生良性的联系。

3. 广告文案的写作格式

广告文案由广告标题、广告正文和广告口号3部分组成。

（1）广告标题

广告标题是广告文案的主题，也是广告内容的诉求重点，它的作用在于吸引消费者对广告的注目、留下印象，引起消费者对广告的兴趣，只有当消费者对标题产生兴趣时，才会阅读正文。撰写广告标题时要简明扼要、易懂易记、新颖而富有个性。

（2）广告正文

广告正文是对产品及服务，以客观的事实进行具体的说明，以增加消费者对产品的了解与认识。撰写广告正文时，内容要实事求是、通俗易懂，不论采用何种题材样式，都要抓住主要的信息来叙述，言简意明。

（3）广告口号

广告口号是战略性的语言，其目的是经过反复"轰炸"，使消费者掌握产品或服务的个性。广告口号已经成为推广产品不可或缺的要素。撰写广告口号要注意简洁明了、语言明确、独创有趣、便于记忆、易读上口。

4. 广告文案写作注意事项

广告文案的写作灵活多变、富有创意，写作时应遵循以下要求。

（1）准确规范、点明主题

准确规范是对广告文案写作的最基本要求，要实现对广告主题与广告创意的有效表现和对广告信息的有效传播，需要注意以下几点：①要求广告文案中的语言表达要规范完整，避免语法错误或表达残缺；②广告文案中的语言要准确无误，避免产生误解或歧义；③广告文案中的语言要符合一般语言表达习惯，不可生搬硬套，自己创造词汇；④广告文案中的语言要尽量通俗化、大众化，避免使用过于冷僻或专业化的词汇。

（2）简明简练、言简意赅

广告文案在语言文字的使用上，要做到简明扼要、精练概括，要在广告文案中以尽可能少的语言和文字表达出产品的精髓，实现有效的广告信息传播；简明精练的广告文案有助于吸引消费者的注意力，并能让消费者迅速记住广告内容；而冗余繁长的语句则会增加消费者对广告文案的反感。

（3）生动形象、表明创意

生动形象的广告文案能够吸引消费者的注意，并能激发其兴趣，虽然图像比文字更能引起消费者的注意，但需要唤起消费者记忆时，文字比图像的效果更好；这就要求作者在进行文案创作时尽量采用生动活泼、新颖独特的语言，不仅要更好地引起消费者的注意，还要使其"扎根"于消费者的记忆中。

（4）动听流畅、上口易记

广告文案是广告的整体构思，是一种注重听觉的广告语言，要注意语言的优美、流畅和动听，还要注意文字易识别、易记忆和易传播的特点，从而突出广告定位，并很好地表现广告主题和广告创意，从而产生良好的广告效果。同时，也要避免由于过分追求语言和音韵美，而忽视广告主题，生搬硬套，牵强附会，因文害意。

录入技巧

1）可联词消字定字的：（比）较、深（入）、指（出）、对（于）、比（较）、地（方）、易（于）、记（忆）、美（丽）。

2）单音词须特定的：于（X:IU）、则（X:DZE）、有（X:IEO）、去（X:GIUX）、跳（W:BDIAO）、使（X:XZ）、由（W:IEO）、要（X:IAO）、以（X:I）。

3）全音码可以捆绑的：文字化、冲击力、影响力、应用文、真实性、很大程度上、以人为本、可信度、生命力、不具备、原创性、注意力、震撼力、战略性、易读上口、生搬硬套、大众化、专业化、有助于。

4）须在重码提示行中进行选择的：文案（4）、较强（2）、写作（2）、真实（2）、意向（3）、失真（2）、毫无（2）、赋予（3）、受众（2）、发掘（2）、意味（2）、才会（2）、何种（2）、点明（2）、歧义（9）、图像（2）、唤（起）、上口（2）、音韵（2）。

5）可以造词的：广告文案、越演越烈、想人所未想、发人所未发、而后、易懂易记、不可或缺、简洁明了、通俗化、冗余繁长、牵强附会、因文害意。

6）须分开单击的：上\的、将\该、少\的。

（四）听打录入小测

下面这篇短文共 1958 字。首先要求读准，然后用亚伟码反复规范地听打，要求在 10 分 53 秒内完成听打录入（180 字/分），并且准确率在 98%以上。

1. 求职信写作注意事项

求职信是书信的一种，既有一般书信的特性，又有自身的特点。它是一种重要的求职文件，因此要同时附简历及相关附件。

求职信是向求职单位推荐自己，所以写作时要用第一人称。

求职信一定要真实，在写自己的学历、工作经历等时不要造假。

求职信不要太长，一般以一页 A4 纸的篇幅为宜。

写求职信的态度要真诚，不要虚情假意。

2. 简历的概念与类型

简历即个人履历，是对个人学历、经历、特长、爱好、社会实践、荣誉等有关情况进行有选择、有重点地叙述的一种应用文体。简历是一种书面化的自我介绍，其目的是让用人单位了解求职者的基本情况、教育经历、工作经历等信息，是自我推销的纸质化告白。简历一般可分为以下 3 种形式。

表格式简历，即用表格的形式列出个人基本信息、教育经历、工作或社会实践信息、专业知识水平及能力、兴趣爱好、获奖情况、求职意向等。

文字型简历，即用文字表述的形式写明个人基本信息、教育经历、工作或社会实践信息、专业知识水平及能力、兴趣爱好、获奖情况、求职意向等，其内容与表格式简历相同。

复合型简历是随着互联网的发展而衍生的，如网站式简历、视频简历、电子简历等。

3. 简历写作注意事项

简历要突出自己的个性、独特的工作经历、独特的工作能力及擅长的方面。

简历中的个人教育经历、工作经历、社会实践等情况要真实可信，不可夸大其词或胡编乱造。

写简历的目的是让用人单位清晰知道求职者的信息，因此要概括集中、条目清楚，篇幅控制在 1~2 页为宜。

4. 竞聘报告的概念与类型

竞聘报告是竞聘者为了竞聘某一岗位，向与会者阐述自己的竞聘优势，对竞聘岗位的认识，被聘任后的工作设想、计划等的文书。

竞聘报告按职位类属可分为：机关、事业单位干部竞聘报告和企业干部竞聘报告。

5. 竞聘报告写作注意事项

竞聘报告的语言要有气势，开头一般先表示谢意，让人感受到态度和诚意。

竞聘报告的主体部分是自己推销自己，所以在写作时要把自己竞聘的基本条件讲清楚、突显自己能胜任该岗位的优势，让他人了解自己。同时，要表明自己竞聘任职成功后的打算。

最后要写明希望得到评选者的支持，并表示感谢。

6. 述职报告的概念与类型

述职报告是述职者向上级领导、组织人事部门和群众汇报自己在一个任期内的工作情况，重点陈述取得的工作实绩、存在的问题及未来的努力方向。

述职报告的类型有以下几种。

从内容上划分，可分为综合性述职报告和专题性述职报告。

从时间上划分，可分为年度述职报告、任职期述职报告和不定期述职报告。

从人员上划分，可分为集体述职报告和个人述职报告。

7. 述职报告写作注意事项

述职报告一般用陈述的表达方式，要求实事求是地写出自己取得的成绩，不夸张，也不过分揽功。

述职报告要分条列项，有条理、有重点。

不要把述职报告写成年终报告，叙述要有侧重点，同时要让人能看到一个奋发向上、自信、充满活力的你在前进。

8. 讲话稿的概念与类型

讲话稿就是发表讲话时的文稿。狭义的讲话稿是党政机关、企事业单位和社会团体中的负责人在特定场合发言用的书面文稿。

讲话稿内容丰富，应用范围广泛，表现形式灵活，可以做如下分类。

按讲话稿的内容分，可分为政治讲话稿、学术讲话稿、法庭辩论讲话稿、社会工作讲话稿。

按讲话稿的适用范围和表现形式分，可分为工作性讲话稿、礼仪性讲话稿、演说性讲话稿。

工作性讲话稿包括两类：一类是领导人为大型会议或重要场合做有关政治、经济、文化和学术、局势报告及重要讲话而事先提写的文稿，如开幕词、闭幕词、工作报告、动员报告等；另一类是普通代表的发言稿，如经验总结、代表发言等。

礼仪性讲话稿主要是在纪念性、祝贺性会议或群众集会上的讲话稿，如祝贺词、欢迎词、欢送词、答词、主持词等。

演说性讲话稿是在主题演讲会上的演讲稿，内容具有强烈的鼓动性和感染力。

9. 讲话稿写作注意事项

讲话稿要做到主旨鲜明、突出重点，不用面面俱到。

讲话稿要根据听众的情况选择材料，激发听众共鸣。选择的材料和主题要统一。

讲话稿的语言要简明通俗，尽量少用书面语，少用长句，复杂的意思分几个短句表达。

讲话稿的内容要条理清晰，层次分明。可以使用标志性的语句或主旨句提示听众内容层次。

10. 会议记录的概念与类型

会议记录是指会议记录人员将会议的组织情况和具体内容记录下来。

按会议性质，会议记录可以分为办公会议记录、专题会议记录、联席（协调）会议记录、座谈会议记录等。

11. 会议记录写作注意事项

会议记录要写明会议名称（要写全称）、开会时间（尽可能写至时、分）、地点、会议性质。

会议记录要详细记下主持人、出席人、参加人员、缺席人员、记录人员等的姓名、职务。

写会议记录一定要真实。会议记录要记录会议上的发言和有关动态。会议发言的内容是记录的重点。如果有漏记或记不全的，不要自己随意编造，可以事后询问或听录音回放加以补充。如中途有休息，要写明"休会"、会议结束要写明"散会"。

录入技巧

1）可联词消字定字的：换（气）、既（是）、附（着）、纸（盒）、（格）式、型（号）、突（然）、显（得）、实（际）、（业）绩、揽（工）、功（劳）、分（析）、条（例）、稿（子）、按（照）、性（格）、提（出）、词（语）、句（号）、至（于）、记（忆）、下（来）、漏（水）。

2）单音词须特定的：想（W:XINO）、写（X:XIE）、页（W:IE）、即（XW:GI）、地（X:DI）、种（W:ZUEO）、把（X:BA）、讲（W:GINO）、者（W:ZE）、做（W:DZO）、如（X:XZBU）。

3）全音码可以捆绑的：求职信、求职者、虚情假意、任期内、可分为、侧重点、企事业单位。

4）须在重码提示行中进行选择的：写作（2）、简历（5）、附件（2）、要用（2）、真实（2）、学历（2）、经历（2）、造假（2）、为宜（3）、文体（2）、竞聘（2）、气势（6）、谢意（2）、主体（2）、任职（2）、述职（7）、几种（4）、适用（2）、礼仪（2）、事先（2）、纪年（2）、集会（2）、主旨（3）、短句（2）、联席（3）、职务（3）、回放（2）。

5）可以造词的：书面化、纸质化、任职期、条理清晰。

6）须分开单击的：写\的、但\因、想\换、既\有、等\时、太\长、一\页、即\用、突\显、分\条、提\写、少\用、长\句、要\写、写\至、记\下、漏\记。

参 考 文 献

廖清，唐可为，2016. 速录工作实务训练[M]. 北京：高等教育出版社.

廖清，2017. 亚伟中文速录机培训教程[M]. 北京：社会科学文献出版社.

徐飚，金凤，2021. 应用文书写作[M]. 北京：科学出版社.